LA CÁBALA

Roberto Tresoldi

LA CÁBALA

A pesar de haber puesto el máximo cuidado en la redacción de esta obra, el autor o el editor no pueden en modo alguno responsabilizarse por las informaciones (fórmulas, recetas, técnicas, etc.) vertidas en el texto. Se aconseja, en el caso de problemas específicos —a menudo únicos— de cada lector en particular, que se consulte con una persona cualificada para obtener las informaciones más completas, más exactas y lo más actualizadas posible. EDITORIAL DE VECCHI, S. A. U.

© Editorial De Vecchi, S. A. 2020
© [2020] Confidential Concepts International Ltd., Ireland
Subsidiary company of Confidential Concepts Inc, USA
ISBN: 978-1-64699-333-8

El Código Penal vigente dispone: «Será castigado con la pena de prisión de seis meses a dos años o de multa de seis a veinticuatro meses quien, con ánimo de lucro y en perjuicio de tercero, reproduzca, plagie, distribuya o comunique públicamente, en todo o en parte, una obra literaria, artística o científica, o su transformación, interpretación o ejecución artística fijada en cualquier tipo de soporte o comunicada a través de cualquier medio, sin la autorización de los titulares de los correspondientes derechos de propiedad intelectual o de sus cesionarios. La misma pena se impondrá a quien intencionadamente importe, exporte o almacene ejemplares de dichas obras o producciones o ejecuciones sin la referida autorización». (Artículo 270)

AGRADECIMIENTOS

Quiero expresar mi agradecimiento a todas las personas que me han ayudado en la redacción de esta obra: en primer lugar, a mi familia, por su apoyo y su ánimo. También doy las gracias a amigos y conocidos de la comunidad hebrea de Italia y el extranjero, así como a otros expertos en lenguas y tradiciones semíticas, en general, y hebreas, en particular, que me han permitido compartir y utilizar sus conocimientos, y me han ayudado a entender el hebraísmo y sus tradiciones. Y quiero expresar un agradecimiento muy especial, más allá del tiempo y del espacio, al amigo Xavier, de Lyon, uno de los primeros que me animó a emprender el camino de estos estudios y me mostró obras y autores que en aquel momento, hace más de veinte años, para mí eran en su mayoría desconocidos.

Respecto a las ilustraciones, estoy en deuda con la Biblioteca Nacional de Francia, que me ha autorizado a publicar varias imágenes pertenecientes a los archivos electrónicos de la biblioteca numérica Gallica, y a la Bibliotheca Philosophica Hermetica de Ámsterdam, por unas importantes tablas sobre la historia de la cábala hebrea y cristiana. También debo agradecer la colaboración del dibujante Fabio Severino, que ha ilustrado varias voces del texto.

En cuanto a las bibliotecas italianas, recuerdo la amabilidad y la cortesía de los colaboradores de la Biblioteca Central de Palacio Sormani, así como de la Biblioteca Venecia de Milán.

Introducción

El vocablo *Qabbalah* es la transliteración de un término hebreo que indica la transmisión de una enseñanza oral relacionada, inicialmente, con algunos libros de la Biblia hebrea (en primer lugar, el Pentateuco, en hebreo *Torah*) y, posteriormente, también el compendio de enseñanzas místicas, teúrgicas y esotéricas fruto de siglos de meditación sobre la tradición originaria y los Textos Sagrados.

Esta disciplina no ha sido objeto de una sistematización propiamente dicha hasta épocas relativamente recientes, y continúa suscitando el interés de numerosos estudiosos y aficionados de todo el mundo. Genera, además, una abundante producción de textos sobre los «misterios» de la *Qabbalah*, cuyos prosélitos, además de en el ámbito judío, se encuentran también en la tradición cristiana, que ha tratado el tema en diferente medida. Algunos ejemplos de la cultura occidental son las obras de Juan Pico de la Mirandola, del humanista Johannes Reuchlin, de Cornelio Agrippa, de Guillaume Postel y de Giordano Bruno, todos ellos importantes pensadores que en algún momento estuvieron influenciados en distinta medida por las fascinantes argumentaciones de la cábala.

Examinando la extensa bibliografía que trata sobre la cábala, a veces se echa en falta una obra simple y clara que, aparte de describir los elementos fundamentales de la tradición cabalística, se detenga en los aspectos que demasiado a menudo se dan por supuestos, o simplemente se ignoran, pero que podrían ayudar a entender el contexto cultural e histórico en el que aparecieron algunos textos cabalísticos. Por ejemplo, las fuentes —directas e indirectas— de la cábala a veces no aparecen citadas, de modo que el lector se encuentra con la dificultad añadida de buscar información al respecto. Al mismo tiempo, cuando se hace referencia a las influencias exter-

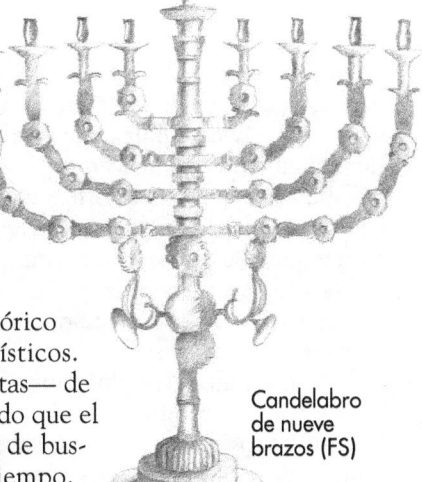

Candelabro de nueve brazos (FS)

nas, como las de los gnósticos, los pitagóricos —con su particular visión del número—, los neoplatónicos, la apocalíptica judía o los esenios, no se añaden explicaciones, con lo cual se abandonan temas que revisten una gran importancia para entender la formación de la tradición precabalística de los primeros siglos de nuestra era, y también la típicamente occidental de nuestro humanismo renacentista.

Este libro procura solventar algunas de estas dificultades y ofrecer, a quien se inicia en el pensamiento cabalístico o quiere profundizar en él, indicaciones para situar el tema en una tradición histórica y cultural precisa, en donde, por ejemplo, el texto bíblico se acompaña de temas aparentemente ajenos, pero que, en realidad, resultan fundamentales para entender cómo está relacionada esta tradición con otras similares.

La estructura del libro sigue una finalidad básicamente preparatoria; cada capítulo prepara para el siguiente, aumentando progresivamente la información, las explicaciones y los ejercicios, en algún caso prácticos. El propósito es ayudar al lector a enfrentarse a la parte antológica con mayores conocimientos básicos y con algún instrumento operativo más.

Se ha dado una importancia especial a la cábala hebrea, aunque sin omitir el desarrollo que tuvo en el contexto cristiano y, posteriormente, en el estrictamente esotérico, en donde quedó enmarcada sobre todo durante el siglo XIX y principios del XX.

El lector encontrará a lo largo de esta obra referencias a las tradiciones antiguas (Daniel y Ezequiel, *Libro de Enoc, Sefer Yetzirah*), a las medievales (*Sefer Ha-Bahir, Sefer HaZohar, La Dulce Luz*), al humanismo (Pico de la Mirandola y Reuchlin) y a las tradiciones hebreas del siglo XVI (Luria), hasta llegar a los epígonos de la tradición esotérica occidental (Lévi, Papus), cuya determinación con frecuencia es muy subjetiva, y del hebraísmo moderno y contemporáneo (Gershom Scholem), más sólidos.

Se dedica un capítulo entero a la relación entre cábala y radiónica, la moderna disciplina de curación a distancia desarrollada por el neurólogo americano Albert Abrams.

Su discípula, Ruth Drown, basándose en antecedentes experimentales, ha empezado a contemplar la dimensión cabalística, gracias a la cual obtiene un cuadro apasionante y especialmente productivo para la comprensión de los modos de funcionamiento del universo.

Esperamos que esta información preliminar sea útil y facilite la aproximación a la cábala, cuya complejidad y riqueza requerirían toda una serie de profundizaciones que resultarían difíciles para nosotros, los occidentales del siglo XXI. En este caso, la actitud del hombre contemporáneo, convencido de tener derecho a cualquier tipo de información, choca con la profunda formación tradicional que se exige a un adepto.

Valgan algunos ejemplos, como la dificultad de estudiar la cábala sin saber hebreo y arameo, requisito fundamental para tratar cualquier tema cabalístico y leer los textos que tratan de *Qabbalah*, o bien las limitaciones impuestas, sobre todo desde un tiempo a esta parte, por los propios cabalistas al aprendizaje de esta doctrina, como haber llegado a una cierta edad (por lo menos, cuarenta años), estar casado, ser una persona preparada (por ejemplo, un rabino) o llevar una vida espiritualmente elevada.[1]

Además de todo esto, surge la necesidad de la transmisión de maestro a discípulo típica de todos los caminos iniciáticos. En efecto, los documentos escritos o unas pocas imágenes no pueden sustituir esta cadena humana de transmisión del saber que se nutre de la vida y de la experiencia directa de los hombres que forman parte de ella, sin la cual toda argumentación corre el riesgo de convertirse en papel mojado.

A pesar de estas limitaciones, esperamos despertar la curiosidad y el interés por una tradición que puede ofrecer intuiciones fulgurantes sobre el funcionamiento del cosmos y sobre la interacción entre Dios y la Creación.

---

1. Son disposiciones relativamente tardías (siglo XVIII), impuestas para evitar los peligros que comportaba que estudiasen la cábala personas que no estaban suficientemente evolucionadas desde el punto de vista espiritual. En épocas anteriores, las prescripciones eran de varios tipos, pero, por lo general, eran menos restrictivas: Cordovero (siglo XVI), por ejemplo, era favorable a la apertura generalizada del estudio; en cambio, en la tradición anterior era importante llegar por lo menos a la edad del pelo blanco (alrededor de los cuarenta años).

Los secretos de la cábala

Definición de cábala

El término *cábala* procede del hebreo *Qabbalah*, de la raíz semítica de tres consonantes *QBL/KBL* («recibir»), que ya aparece en acadio, la lengua semítica conocida más antigua. Se refiere a la tradición oral recibida y, en concreto, a las enseñanzas divinas dadas a Moisés junto con el Pentateuco (Torá). Estas tradiciones orales se formalizaron posteriormente en importantes obras escritas, tanto en el contexto hebreo (Talmud), como en otros textos esotéricos específicos, por ejemplo el *Sefer Yetzirah (Libro de la Formación)*, el *Sefer HaBahir (Libro de la Claridad)* y el *Sefer HaZohar (Libro del Esplendor)*, o bien en numerosas obras de inspiración cabalística de autores cristianos o convertidos al cristianismo.

El término *cábala* puede adquirir significados muy diferentes según cada idioma. Concretamente, en español, cábala significa «conjetura, suposición», coloquialmente «intriga, maquinación», pero también es el nombre de una disciplina cuyo ámbito temático no ofrece lugar a dudas: «[la cábala es] un producto que supone, además del antiguo esoterismo hebreo, el cuerpo in-

Las Tablas de la Ley.
Dibujo procedente de las ilustraciones de Yoseph Ben David de Leipnik (siglo XVIII) para el *Sefer Hagadah shel Pesakh* (FS)

Moisés y los hebreos, Guiard des Moulins, *Bible Historiale*, París, finales del siglo XIII (BNF/G)

tegral de los estudios talmúdicos y midrásicos, y la casi totalidad de las especulaciones teológico-filosóficas del periodo judeo-árabe»;[2] de esta forma define la cábala el estudioso Georges Vadja en una obra publicada en 1947.

La tradición oral y la ley revelada

La tradición oral, que sería la base del desarrollo de la cábala, se acompaña de una serie de comportamientos que denotan la presencia de una tradición mística conectada con el concepto de *devekut* (unión con la Divinidad), similar a la unión mística de los santos cristianos. Sin embargo, existen importantes diferencias: en primer lugar, para un hebreo es difícil concebir sólo el aspecto místico, desligado de la acción y de las obras; la «gracia» tiene lugar no por fe, como a menudo se sostiene en el cristianismo, sino solamente a través de las obras; por ello, en la tradición hebrea sería extraño un planteamiento místico centrado únicamente en la contemplación y que careciera del apoyo de las obras.

Pero una cosa no excluye la otra. Nada impide unir las dos dimensiones, la contemplativa y la práctica, fruto de una meditación tanto sobre la ejecución correcta de las obras como sobre la celebración litúrgica, objeto fundamental de buena parte de la especulación hebrea.

La importancia de la tradición oral se pone de relieve en el Talmud babilonio, en donde aparece la respuesta de rabí Shammai al ser interrogado por un pagano sobre cuántas *Torot* (plural de *Torah*) tenían los hebreos: «Dos, la Torá escrita y la oral».

---

2. F. Secret, *Cabalisti Cristiani del Rinascimento*, Arkeios, Milán, 2001. Una obra indicada para profundizar en el tema de la cábala cristiana, por su rica documentación y su rigor.

> **Jesucristo, el comunicador**
> El Nuevo Testamento muestra en repetidas ocasiones la importancia de la tradición oral. Jesucristo, como los otros rabinos, en sus enseñanzas hacía constantes referencias a los textos de la Escritura, pero para realizar las aclaraciones y explicaciones necesarias contaba con, por lo menos, dos recursos orales que podrían calificarse como de dos niveles: las ejemplificaciones en forma de parábolas al alcance de todos y las aclaraciones, en cierto modo esotéricas, más interiores y profundas, dirigidas sólo a los elegidos.

La importancia de las dos *Torot* queda patente en la imposibilidad de separarlas: la lectura de la Torá escrita comporta necesariamente su comentario, que se sustenta en la tradición oral. En cierto sentido, la tradición oral permite expresar conceptos o verdades no necesariamente presentes en la Torá escrita, pero que interpretan su espíritu más verdadero.

El caso típico es el de rabí Hillel, muchas veces contrapuesto a rabí Shammai, quien, también en el Talmud babilonio, aclara cuál es el espíritu de toda la Torá: «Lo que te resulta odioso a ti, no se lo hagas al prójimo, esto es toda la Torá, y el resto no es más que un comentario; ve y estudia».[3]

Son palabras de la tradición farisea que recuerdan a las pronunciadas por Jesús, que se detiene, sin embargo, en el aspecto positivo de la interacción entre los seres humanos: «Todo lo que deseéis que los hombres os hagan, hacédselo vosotros a ellos. Esta es, en efecto, la ley y los profetas» (Mateo 7, 12).

Importancia del planteamiento esotérico

Se puede definir como esoterismo la tendencia de algunas religiones a transmitir una parte de la enseñanza sólo a personas con unas características particulares, debidamente iniciadas y formadas. El término, que procede del griego *esoterikòs*, indica aquello que está dentro, reservado a los discípulos. También encontramos la forma *esòteros*, comparativo del adverbio *èso*, «dentro», que significa «interior, interno» (véase Hechos de los Apóstoles 16, 24). Su antónimo es *exoterikòs*, que significa «extraño, externo», por ejemplo, en una escuela, dirigido al público.

Las enseñanzas de Jesucristo también utilizan este camino: «Con muchas parábolas de este tipo les anunciaba la palabra, según si eran capaces de entender-

---

3. A. C. Avril y P. Lenhardt, *La lettura ebraica della scrittura*, Qiqajon, 1989.

la; y sin parábolas no les hablaba, pero a sus discípulos luego, en privado, se lo explicaba todo» (Marcos 4, 33-34).

Cuando estuvo solo con los discípulos, estos le preguntaron acerca de las parábolas, y él les respondió de la siguiente manera: «A vosotros os ha sido dado el misterio del reino de Dios, pero para los que están fuera *(ekéinois de tòis éxo)*, todo ocurre en parábolas [...]» (Marcos 4, 10-12).

Estas indicaciones son útiles para entender que la conciencia de una doble tradición, la escrita y la oral que la comenta, estaba viva y presente ya al principio de nuestra era.

El Antiguo Testamento

En el hebraísmo, lo que nosotros llamamos Antiguo Testamento aparece dividido en tres partes cláramente diferenciadas: Torá (Pentateuco), *Neviim* (Profetas) y *Ketuvim* (Escrituras).

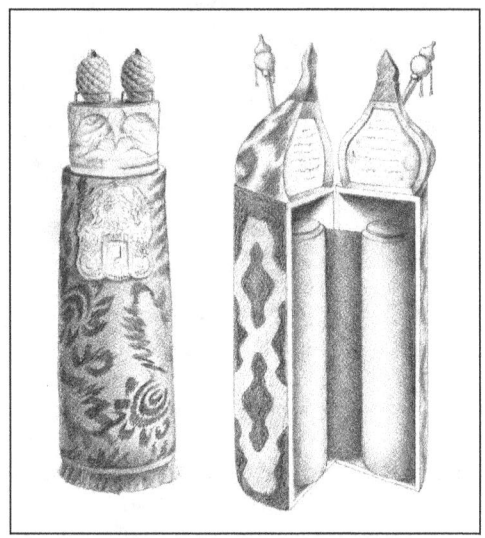

Rollo de la Torá dentro de su estuche, cubierto con una tela decorada (FS)

Rollo de la Torá en el estuche abierto (FS)

Sacrificio de Abraham, Guiard des Moulins, *Bible Historiale*, París, finales del siglo XIII. Maestro de Fauvel y colaboradores (BNF/G)

San Juan escritor, Guiard des Moulins, *Bible Historiale*, París, finales del siglo XIII. Maestro de Fauvel y colaboradores (BNF/G)

Torá

Corresponde al Pentateuco, los cinco primeros libros de la Biblia, que llevan los nombres de:

- B^ereshit («En principio», Génesis);
- Shemot («Nombres», Éxodo);
- Wayiqrah («Llamó», Levítico);
- B^emidbar («En el desierto», Números);
- D^evarim («Palabras», Deuteronomio).

El Pentateuco alcanzó su forma definitiva hacia los siglos V-IV a. de C., como demuestra la versión utilizada por los samaritanos, un grupo que en épocas posteriores no aceptó los otros textos del canon (junto a los aceptados).

En el Pentateuco los estudiosos han reconocido, por lo menos a partir de la obra del médico francés Jean Astruc, publicada en 1753, cuatro tradiciones diferentes, relacionadas con periodos y visiones distintas de la narración bíblica.

La tradición yahvista, denominada así porque suele designar a Dios con el nombre de *Yahvé* (que debe leerse, por respeto al nombre sagrado, *Adonai*, «señor»), en la época de Salomón (siglo X a. de C.) propone una primera sistematización de los textos provenientes de la antigua tradición, que llegan a Moisés y se transmiten oralmente a lo largo de siglos. En ella domina una visión antropomórfica de la Divinidad, que, con la elección de Abraham, el encargo dado a Moisés y la huida de Egipto, actúa para la salvación de la humanidad, inmersa en una dimensión de pecado y sufrimiento.

La tradición elohísta es la segunda reconocida en el Pentateuco, por el nombre que es dado a Dios (*Elohim*, forma plural, «Dios»). Esta tradición, de una época posterior, surge y se desarrolla en el reino de Samaria en la época de los grandes profetas, como Elías y Eliseo, entre los siglos IX y VIII a. de C. En ella el profetismo tiene una gran importancia (Abraham y Moisés son considerados profetas).

La narración parte de Abraham y pone el acento en la trascendencia divina, en la importancia fundamental de la fe, de la experiencia de las peregrinaciones en el desierto y de la dimensión moral. A partir del siglo VIII a. de C., probablemente después de la caída del reino de Samaria (722 a. de C.) y la formación de una nueva unidad nacional en torno a Jerusalén, las dos tradiciones empezaron a insertarse en una escritura que las abarca a ambas.

La tradición deuteronomista se inició con la reforma del rey Josías. Al mismo tiempo, la tradición anterior del reino de Samaria, que llevaron los levitas que huyeron de su país cuando fue invadido por los asirios, entra en la redacción del Texto Sagrado. El texto fue redactado durante el reinado de Josías, autor de una reforma religiosa basada en el reencuentro de un Libro de la Ley.

Después de la destrucción de Jerusalén en el año 586 a. de C. y durante la cautividad babilónica, las nuevas circunstancias llevaron al pueblo de Israel, en el

Los judíos huyen de Egipto, Guiard des Moulins, *Bible Historiale*, París, finales del siglo XIII (BNF/G)

Los días de la circuncisión. Dibujo procedente de las ilustraciones de Yoseph Ben David de Leipnik (siglo XVIII) para el *Sefer Hagadah shel Pesakh* (FS)

exilio, a reflexionar sobre sus sufrimientos y a revisar la historia de la salvación bajo una nueva luz. En concreto, se intentaron conservar los usos y las tradiciones antiguas, que corrían el riesgo de perderse en una tierra extranjera, y, así, se convirtieron en leyes, códigos litúrgicos y religiosos, que se hicieron remontar al encuentro de Dios con Moisés en el Sinaí.

La tradición sacerdotal nace en este periodo, y sus puntos fundamentales son: la importancia de la ley, del sabbat y de la circuncisión, vistos como instrumentos para mantener viva la unidad nacional del pueblo exiliado.

Es típica la proyección de estas tradiciones en las épocas más remotas, hasta el momento mismo de la Creación: «Así fueron concluidos los cielos y la tierra y todo su ejército. Entonces Dios, al séptimo día, dio por terminada su obra y se abstuvo de toda obra servil hecha. Luego Dios bendijo el séptimo día y lo consagró, porque en él había cesado cualquier trabajo servil que obrando había creado» (Génesis 2, 1-3).

REY JOSÍAS

La reforma de Josías, que es tratada en el Libro segundo de los Reyes 22 y sigs., tiene una importancia especial y está bien descrita en el texto bíblico: «El sumo sacerdote Helcías dijo al escriba Safán: "En el templo del Señor he encontrado el Libro de la Ley". Helcías dio el Libro a Safán y este lo leyó. Entonces el escriba Safán fue a ver al rey y se lo explicó [...]» (2 Re 22, 8-9). El rey escucha la lectura del Libro de la Ley, se queda impresionado y se desgarra la ropa al darse cuenta de que la ira del Señor había caído sobre el pueblo porque sus padres no habían actuado según lo prescrito por el Libro. El oráculo del Señor, la profetisa Holda, confirma los temores del rey, el cual sube al Templo de Jerusalén y lee el Libro de la Ley (Deuteronomio, tradición deuteronomista) a todo el pueblo: «El rey, desde su podio, concluyó en presencia del Señor la alianza que le imponía seguir al Señor, custodiar sus mandamientos, sus leyes y sus preceptos con todo el corazón y toda el alma, a fin de ejecutar las cláusulas de la alianza escrita en este libro. Todo el pueblo aprobó la alianza» (2 Re 23, 3).

Reconstrucción del templo de Herodes (según las indicaciones de Flavio Giuseppe) (FS)

LAS MÚLTIPLES LECTURAS DE LA TORÁ

La tradición medieval nos ha transmitido los cuatro niveles de lectura de cada texto en los breves versos aprendidos de memoria por generaciones de estudiantes: «La letra cuenta las vicisitudes; lo que debes creer, la alegoría; lo que debes hacer, la moral; y aquello a lo que debes tender, la anagogía (el recorrido espiritual ascendente)». Esta regla de lectura, de origen clásico, aparece en la tradición hebrea cabalística, aunque con matices diferentes. Tal como veremos al presen-

La Torá según los cabalistas

Se ha señalado que la Torá no sólo es el texto del Pentateuco que Dios entregó a Moisés en el monte Sinaí, sino que también incluye un conjunto de enseñanzas orales que constituyen el núcleo de la tradición esotérica transmitida de generación en generación hasta la actualidad. Para los cabalistas, la Torá adquiere toda una serie de significados posteriores, mucho más profundos que la simple dualidad de la transmisión escrita y oral. La importancia de la Torá para estos estudiosos se explica por el hecho de que la han comentado a menudo, mientras que los otros textos de la Biblia hebrea (los Escritos y los Profetas, con la excepción de los Salmos) han sido objeto de sus comentarios sólo esporádicamente. Esto no significa que tampoco otros textos hayan sido tomados en consideración (pensemos, por ejemplo, en la importancia fundamental de la que goza el libro de Ezequiel), pero, ciertamente, la Torá ha centrado el interés principal: los otros textos, pese a ser importantes, a sus ojos no tienen un valor comparable a la Revelación que Dios hizo al hombre a través de Moisés.

Moisés con las tablas de la Ley. Dibujo en miniatura de un manuscrito hebreo medieval, Francia, 1280 (FS)

tar los diferentes textos (véase, por ejemplo, Cordovero), de todas estas lecturas la cábala prefiere la alegórica.

Los significados recónditos de la Torá

Siguiendo el pensamiento de Gershom Scholem, en la Torá se pueden distinguir tres niveles de interpretación muy diferentes: la Torá primordial, tejido espiritual sobre el cual se modeló todo el universo, que es su manifestación en el plano material; la Torá como estructura que procede del nombre de Dios en sus múltiples componentes, y la Torá como organismo viviente, diferenciado en los distintos elementos que constituyen su unidad.

El corolario de estas tres posibles interpretaciones de la Torá es el hecho de que el Texto Sagrado, expresión de la Persona Divina, es la única certeza metafísica concreta que posee el hombre.

Procedente de la Divinidad, emanada de su propia energía espiritual, trama secreta del universo, armonía de frecuencias interrelacionadas que hacen resonar los nombres de Dios, la Torá proporciona al hombre un terreno de investigación ilimitado e inextinguible, un instrumento para elevar el espíritu a cumbres que de otro modo serían inaccesibles.

La dimensión material de la Torá constituye a su vez un importante elemento de investigación: escrita con las letras de las palabras divinas (por lo tanto, ricas también en secretos de la Divinidad), permite al estudioso encontrar cada vez nuevos significados y nuevas relaciones entre letras, palabras y valores numéricos con sus correspondientes apariencias simbólicas.

Según una antigua tradición, precisamente la característica de «ser vivo» de la Torá hace que se modifique según los individuos que la leen y la evolución espiritual del periodo en el que se aborda su interpretación.

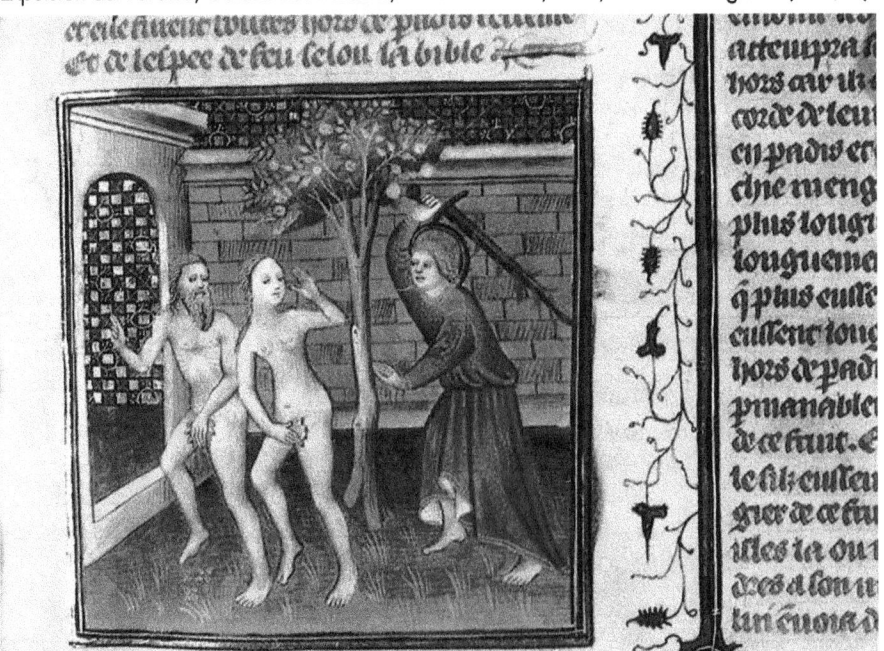

Expulsión del Paraíso, Guiard des Moulins, *Bible Historiale*, París, finales del siglo XIII (BNF/G)

En su origen, la Torá era una estructura espiritual que solamente podía ser interpretada por seres no decaídos (Adán antes del pecado original); después de la caída del hombre, la Torá adquirió una dimensión que ha de adaptarse a las capacidades interpretativas de las criaturas decaídas. Esto significa que, originariamente, la Torá era un mensaje de fuego resplandeciente, con un brillo y una claridad actualmente inimaginables para nosotros. Como sostienen algunos cabalistas, el conocimiento de esta Torá primordial habría dado a cualquier criatura poderes inimaginables; por ello, ahora esta está encubierta en otra Torá, revestida con términos, conceptos y significados de nivel aparentemente inferior. No hay que detenerse nunca en la letra, sino que es necesario continuar más allá, para descubrir los secretos más ocultos de un mensaje perturbador.

Neviim

El segundo gran componente de la Escritura lo constituyen los Profetas (Neviim).

La Biblia hebrea distingue entre Profetas Anteriores (Neviim Rishonim) y Profetas Posteriores (Neviim Aharonim). El segundo grupo comprende tres profetas especialmente importantes: Isaías, Jeremías y Ezequiel, además de los siguientes doce profetas: Oseas, Joel, Amós, Abdías, Jonás, Miqueas, Nahúm, Habacuc, Sofonías, Ageo, Zacarías y Malaquías.

Según el pensamiento cabalista, el profeta Ezequiel, de cuya obra hablaremos detalladamente más adelante, reviste una importancia fundamental.

Ketuvim

El tercer y último componente del canon hebreo de la Escritura está formado por los Escritos, Ketuvim *(Hagiographa)*, que incluyen:

- Libro de los Salmos;
- Proverbios;
- Job;
- Cantar de los Cantares;
- Rut;
- Lamentaciones (Threni);
- Eclesiastés;
- Ester;
- Daniel;
- Esdras;
- Nehemías;
- Crónicas I;
- Crónicas II.

La lectura hebrea de las Escrituras

En este apartado se introduce un aspecto importante de la relación entre hebraísmo y Escritura. Según la tradición, forma parte de la Torá oral la plegaria (el culto del corazón), que es uno de los fundamentos del mundo: «la Torá, el culto y

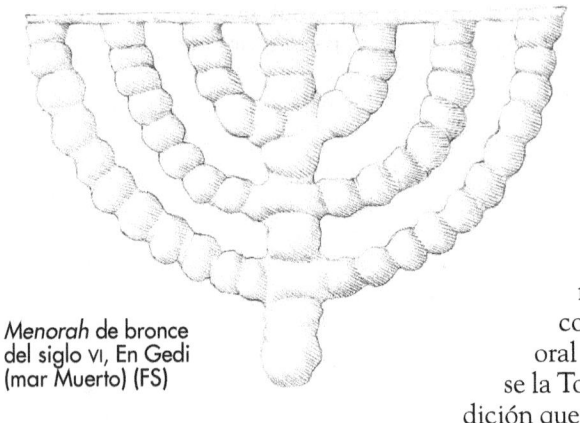

Menorah de bronce del siglo vi, En Gedi (mar Muerto) (FS)

los actos dictados por el amor» (Simeón el Justo, *Mishnah*, Avot, 1, 2).

La plegaria, ligada a la tradición del culto en el Templo de Jerusalén, constituye todavía hoy un momento muy importante del hebraísmo y tiene un carácter sobre todo comunitario. En la tradición oral se define cuándo ha de leerse la Torá y qué tema. Según la tradición que se remonta a Moisés, la Torá se leía el sábado, durante las festividades y semifestividades, mientras que la que se remonta a Esdra regulaba la lectura en las otras ocasiones y también en determinados momentos del día.

A diferencia de lo que ocurre hoy, la Torá era leída íntegramente en el transcurso de tres años. Los Profetas se leían (y todavía se leen) al término de las lecturas y eran elegidos en función del tema del texto de la Torá que se había leído con anterioridad.

Otros textos importantes de las Escrituras se leen en festividades concretas: el Cantar de los Cantares en Pascua, el libro de Rut en Pentecostés, el Eclesiastés en la fiesta de las Cabañas, las Lamentaciones en el mes de Av (en el noveno día) y Ester en la fiesta de Purim.

Cada mañana, en el Templo, después del Decálogo, se leían tres párrafos del Deuteronomio (6, 4-5; 11, 13-2) y de los Números (15, 37-41), que constituyen la plegaria «Escucha Israel» (*Shema' Israel*), y se pronunciaban las bendiciones sobre el pueblo, para el culto y para los sacerdotes. La lectura del *Shema' Israel* todavía hoy constituye un momento importante de la plegaria cotidiana (mañana y tarde) del hebreo practicante.

Con motivo de fiestas particulares (las fiestas del peregrinaje) también se lee el *Hallel* (salmos 113 y 118), mientras que la lectura cotidiana de los salmos recuerda la tradición antigua del holocausto en el Templo, acompañada de la lectura, hecha por los levitas, de los Salmos (en concreto, los salmos 24, 48, 82, 94, 81, 93 y 92). El salterio se utiliza en muchas otras ocasiones de plegaria, ya sea individual, ya sea comunitaria.

Halakah y Haggadah

La literatura rabínica posterior a la destrucción del Templo de Jerusalén se divide en tres grandes corrientes: normativa, edificante-consoladora y apocalíptica (la veremos a continuación). La corriente normativa está representada por el Talmud y recibe el nombre de *halákica* (de *halakah*, «norma»). La literatura edificante-consoladora está representada por el *Midrash* (de *darash*, «buscar») y recibe el nombre de *haggádica* (de *haggadah*, «narración»). Pertenecen a este segundo grupo las primeras traducciones y los comentarios del texto bíblico (*Targum*).

Debido al progresivo desconocimiento de la lengua hebrea (sustituida sobre todo por el arameo y, durante la diáspora, por el griego), los textos de la Torá, que se comentaban en la plegaria comunitaria, debían ser traducidos antes y comentados en un idioma que el pueblo pudiera entender.

Según una feliz intuición de Carmine Di Sante, la plegaria diaria actual y antigua de Israel (tanto privada como comunitaria) se basa en una serie de círculos concéntricos: en el centro se halla un núcleo generativo, la *Berakah* (bendición), alrededor del cual hay un primer círculo, el *Shem'a Israel* (profesión de fe), luego un segundo, la *Tefillah* (plegaria fundamental), y, finalmente, un tercero, *Micra Torah* (lectura de la Torá).[4]

El Midrash

El *Midrash* es lo que normalmente se denomina lectura/búsqueda. El término, que, como ya se ha señalado, deriva del verbo *darash*, implica siempre algún tipo de búsqueda o indagación, y significa, en concreto, «buscar a Dios». Por ejemplo, en el objetivo que se proponía la *Regla de la comunidad de los esenios*, «buscar a Dios, con todo el corazón y con toda el alma», se utiliza el infinitivo *li-drosh* («buscar»). El verbo, como se utiliza en este fragmento y en muchos otros de las Escrituras, implica siempre una cierta intensidad en la búsqueda («con todo el cora-

Biblia Hebraica... Ex accuratissima recensione doctissimi ac celeberrimi Hebraei Menasseh ben Israel, Ámsterdam, Hendrick Laurensz, 1635 (BPH)

4. C. di Sante, *La preghiera di Israele*, Marietti, 1991.

zón y con toda el alma»). Así pues, la búsqueda es aplicada al texto bíblico, que debe ser explorado con detenimiento, pero, al mismo tiempo, usado para la plegaria y puesto en práctica: en esta búsqueda se puede encontrar al mismo Dios, que está presente en su palabra en distinta medida, según una doble teología de la Revelación.

Dos escuelas se desarrollaron en torno a la enseñanza de dos rabinos en el siglo I d. de C.: rabí Ismael y rabí Akiva.

Según Ismael, Dios, con la Revelación, mantuvo su propia trascendencia sin comunicarla al texto de la Torá, la cual viene del cielo, pero al traducirse al lenguaje humano mengua en sus significados y hace que de algún modo el *Midrash* sea menos importante, pese a que consigue captar muchos aspectos, aunque no todos, de la verdad revelada.

Según Akiva, en cambio, Dios, al comunicar la Torá en lenguaje humano, transfunde en el texto algo de su trascendencia, logrando que el *Midrash* adquiera una importancia fundamental para conocer a Dios y sus mandamientos. La tradición de Akiva y de su discípulo rabí Shimon ben Azzai es importante porque justifica la necesidad de la lectura/búsqueda de la Torá para encontrar en la palabra a Dios mismo: este es el concepto básico del análisis minucioso que los cabalistas hacen del texto bíblico.

También se entiende que en el estudio de la Torá sea posible encontrar aquella llama mística típica de algunas manifestaciones de la cábala. De las palabras y de las letras del texto se desprenden aquellas manifestaciones sobrenaturales que acompañan la revelación de la Torá a Moisés en el monte Sinaí: «Todo el pueblo veía los truenos y los relámpagos» (Éxodo 20, 18); «Estas palabras pronunció el Señor, hablando a toda vuestra asamblea, en el monte, en medio del fuego, de la nube y de la oscuridad [...]» (Deuteronomio 5, 22); «El trueno (del Señor) dispara llamas de fuego» (Salmos 29, 5); «Vosotros os acercasteis y os detuvisteis al pie del monte; el monte ardía en las llamas que se elevaban en medio al cielo; había tinieblas, nubes y oscuridad. El Señor os habló desde el fuego [...]» (Deuteronomio 4, 11-12).

La *Shekhinah* y el descenso de Dios al Sinaí

Hemos visto que Dios está presente en la Torá, y lo está en distinta medida según las escuelas de pensamiento. A este respecto consideramos útil presentar una antigua controversia sobre uno de los aspectos fundamentales del hebraísmo, que enlaza con el tema de la trascendencia o inmanencia de Dios: la *Shekhinah*. Este término, que significa literalmente «inhabitación, presencia», indica la presencia de la Divinidad en el mundo. El punto clave de la diatriba es si efectivamente Dios bajó al monte Sinaí o no. Numerosos fragmentos de la Escritura indican que antiguamente los pensadores que interpretaban el texto al pie de la letra creían que Dios había descendido realmente al monte Sinaí, lo cual implicaría, por un lado, una acción de Dios con respecto al hombre (Dios desciende al nivel del hombre para hablar con él) y, por otro, un acto de extraordinaria importancia como es la inhabitación del Trascendente en lo creado.

Sobre este concepto volvemos a encontrar las dos escuelas del hebraísmo antiguo citadas anteriormente, las de los maestros Ismael y Akiva. El primero, Ismael, aboga por la interpretación literal del texto, mientras que en Akiva prevalece una interpretación mística.

La cuestión planteada, es decir, si Dios descendió o no al monte Sinaí, no es gratuita, ya que resulta importante para las dos interpretaciones del texto de la Torá. En efecto, dos fragmentos del Éxodo parecen contradecirse: por un lado, Éxodo 19, 18 dice «El Señor descendió al monte Sinaí» y, por otro, Éxodo 20, 22 dice: «Desde el cielo he hablado con vosotros».

Rabí Ismael, en defensa de una interpretación más literal del texto, afirma que el segundo fragmento es claro y no presenta ninguna ambigüedad: la Torá descendió de las alturas, en el sentido de que fue oída desde el cielo. En consecuencia, Dios no habría intervenido en persona en el Sinaí.

Rabí Akiva, por el contrario, partiendo de la primera cita, afirma que Dios intervino personalmente en el Sinaí, de tal forma que desdobló el cielo hasta hacer que tocara la tierra (tal como se puede leer en Salmos 18, 10: «Él bajó el cielo y descendió [...]»).

El acontecimiento del descenso al Sinaí reviste una gran importancia porque indica la posibilidad de reducir las distancias entre los dos mundos, el superior y el inferior: Dios se aproxima a la tierra y el hombre es elevado al cielo. En efecto, Dios baja hacia el hombre y el hombre (Moisés) sube al monte, para hablar con Él.

Una de las confesiones cristianas que mejor ha conservado la tradición judeocristiana de los orígenes, la ortodoxa, recita con San Anastasio: «Dios se hizo hombre porque el hombre se hizo Dios». Con la Encarnación (un concepto que recuerda, aunque de lejos, la inhabitación de la *Shekhinah* en el mundo), lo Divino se convirtió en humano, para que el hombre pudiera participar de las energías divinas y elevarse espiritualmente (San Gregorio Palamás).

Y del mismo modo, dado que el descenso de Dios tiene como objetivo comunicar la Torá, el hombre también puede elevarse hacia el cielo a través del acercamiento al Texto Sagrado, y esto no ocurre solamente en el acontecimiento del Sinaí, sino cada vez que el hombre estudia la Torá. Por otra parte, la Divinidad no manifestó su presencia *(Shekhinah)* en el mundo sólo en aquella ocasión, sino también otras veces (como mínimo nueve o diez, según los fragmentos de las Escrituras que destacan su descenso a la tierra), lo cual hace presagiar un probable retorno en el futuro. El alejamiento de la *Shekhinah* del mundo sería la consecuencia de los pecados del hombre, mientras que su retorno dependería de las acciones de los santos hombres de Dios, de Abraham en adelante.[5]

---

5. Hemos realizado estas reflexiones a partir de la obra de Abraham Joshua Heschel *La discesa della Shekhinah* (Qiqajon, Turín, 2003) y de la breve pero importante obra de A. C. Abril y P. Lenhart *La lectura hebrea della scritura* (Qiqajon, 1989).

> **Rabí akiva y la corredención de Dios**
> Uno de los principales problemas del pensamiento de rabí Akiva es que, contrariamente a la visión tradicional hebrea, que examinaremos un poco más adelante, identifica la salvación de Israel no en las obras realizadas (con los consiguientes méritos adquiridos), sino involucrando directamente y haciendo copartícipe a Dios. El sufrimiento de su pueblo lo lleva a una forma de *synpatheia*, «cosufrimiento» («Con él estoy en la desventura» [Salmos 91, 15], «Yo descenderé contigo» [Génesis 46, 4]), que le reporta ser corredimido junto a su pueblo.
> El concepto de la corredención es uno de los más controvertidos y difíciles de explicar, si bien presenta aspectos particularmente importantes para entender la acción divina. Siempre partiendo de los versículos de las Escrituras, se puede concluir que Dios, precisamente gracias a su participación en los sufrimientos de su pueblo, se convierte hasta tal punto en partícipe que desea liberarlo, liberándose al mismo tiempo a sí mismo. La fusión entre Dios y su pueblo es tal que no se produce la liberación del uno sin el otro. Entendemos que este modo de pensar pueda parecer extraño a quien siente con fuerza la trascendencia de Dios, pero no debería parecérselo demasiado a quien conoce la Encarnación cristiana. También en este caso, nos encontramos una vez más ante la traducción en lenguaje humano de misterios trascendentes, para los cuales, como afirma Dante, hace falta transhumanizar, sobrepasar los límites del hombre.

Importancia de las obras

El pensamiento místico da razón de muchos de los misterios del pueblo hebreo, y en particular ofrece el sentido a su existencia. Israel no sólo tiene la misión de propagar la ley transmitida por Moisés, sino también, y sobre todo, la de hacerla más concreta en la vida de cada día, llevando a cabo una obra de santificación del mundo, con la conquista de la Redención reparadora, respecto a la ruptura del equilibrio divino original, del periodo de después del edén. La caída de Adán comportó una desviación respecto al camino de la Redención y del Perfeccionamiento que Dios había previsto para el hombre. Es necesario volver al camino originario, y esto sólo es posible reequilibrando el desequilibrio inicial mediante una vida de santidad que, a su vez, pueda santificar el cosmos. Colaborando con Dios, es decir, poniendo en práctica el *Mitzvot* (los mandamientos y las reglas), el pío hebreo contribuye a reajustar la condición originaria y a acelerar la Redención del hombre, prevista desde los primeros momentos después de su creación, pero que fue retardada por la caída. El estudio de la Torá y la comprensión de los mecanismos que regulan su vida interna (el texto, los vocablos, cada una de las letras) permiten captar cada vez mejor la voluntad del Creador y los secretos del universo, de los que la Torá constituye el código genético.

Importancia de la liturgia para Israel

La liturgia tiene para el hebraísmo la misma importancia que la teología para el cristianismo. El hebraísmo no presenta en su historia, salvo en una época muy reciente, obras teológicas completas que traten cada uno de los aspectos de la religión, lo cual resulta bastante raro con respecto a la visión religiosa tradicional.

En cambio, la especulación versa principalmente sobre la liturgia y la interpretación bíblica. Por lo tanto, no existen obras teológicas sistemáticas, sino un estudio detallado de la casuística, referencias continuas a la tradición y obras sobre temas específicos de la vida religiosa hebrea.

Por otra parte, la importancia de la liturgia también viene determinada por el valor teúrgico de la acción litúrgica; esta última, presentándose como la actuación de un ritual compuesto de lecturas, cantos, comportamientos, plegarias, impetraciones y bendiciones, no sólo edifica a quien la lleva a cabo o a quien participa en ella, sino que también contribuye a la santificación del mundo, a su adecuación al modelo impuesto por la Divinidad con su Revelación en el transcurso de la historia y en la ley dada a Moisés.

Sinagoga de Bar Am. Según la tradición, fue construida por Shimon bar Yohai (FS)

Suelo de mosaico de la sinagoga de En Gedi (mar Muerto) (FS)

La Mishnah

La *Mishnah* es una segunda tradición hebrea. Compuesta de leyes, fue transmitida oralmente durante mucho tiempo y no se transcribió hasta que los tiempos hicieron temer que pudiera perderse. Así pues, la *Mishnah* adquirió forma escrita hacia el año 200 d. de C., gracias a la obra de rabí Yehudah HaNasi (Judas el Príncipe). Pese a que la tradición prohibía poner por escrito el corpus de las leyes orales, probablemente rabí Yehudah hizo referencia a otros documentos escritos con anterioridad, como cartas, tratados o notas.

Aunque el comportamiento de rabí Yehudah parezca atípico, la redacción del texto escrito acabó siendo indispensable, debido a la espantosa situación que se había creado en Palestina tras las rebeliones judías aplacadas con sangre y seguidas de la deportación (la última, la de Bar Kochba, terminó en el año 135 d. de C.). Según ciertos cálculos, más de un millón de hebreos murieron durante las persecuciones romanas, mientras que centenares de miles tomaron el camino del exilio. Las escuelas prácticamente dejaron de existir y se corría el riesgo de que la tradición oral desapareciera.

La ciudadela de Jerusalén (FS)

La *Mishnah* está constituida por seis órdenes (*Sedarim*), como se aprecia en el nombre dado al Talmud (*Shas*, forma abreviada de *shisah sedarim*, «seis órdenes»). Cada orden contiene varios tratados, denominados *Masekhot*, y cada uno de ellos está dividido en unidades de dimensiones menores, las *Mishnayot*.

TEÚRGIA Y MAGIA EN LAS RAÍCES DE LA CÁBALA

La cábala hebrea propiamente dicha, tal como se entiende en épocas más recientes, nace en el siglo XII en el sur de Francia y se propone como continuadora de las corrientes más típicamente místicas o mistagógicas que se remontan, por lo menos, a los primeros siglos de nuestra era y que se consolidan entre los siglos V y VI.

A menudo se habla de elementos mágicos que aparecen en la mística hebrea, así como de elementos teúrgicos, que podrían existir en respuesta a las tendencias cristianas (como la teología sacramental descrita por el Pseudo-Dionisio) y a las filosofías neoplatónicas desarrolladas a partir del pensamiento del filósofo Proclo y mezcladas con una serie de elementos orientales, mágico-teúrgicos o mistagógicos.

Hay una diferencia fundamental entre teúrgia y magia: la primera consiste en impetrar a la Divinidad (que siempre puede negarse a dar continuidad a la petición) una acción a favor de una o varias personas. La magia, en cambio, no pide, sino que impone a la Divinidad o a entidades sobrenaturales una respuesta casi mecánica a una petición realizada, no proponiendo, sino obligando, por ejemplo, a seguir un comportamiento determinado.

En la mística hebrea el pensamiento clave sobre la visión teúrgica del mundo consiste en el convencimiento de que la ejecución de las obras es lo que actúa sobre el modo de obrar de la Divinidad. En la práctica, santificando el mundo, el pío hebreo, que respeta y pone en práctica el *Mitzvot*, contribuye a influir en las decisiones divinas sobre el destino del hombre y del mundo. Se trata de un pensamiento que ya existía en épocas antiguas, aunque no tenía mucha difusión, y que a partir de este periodo cobra importancia, hasta el punto de convertirse en uno de los componentes principales de la cábala medieval.

Por este motivo, no es correcto hablar de la cábala como de un sistema fundamentalmente mágico, aunque algunos textos muy antiguos, a los que se atribuye un planteamiento cabalístico, como el *Sefer Yetzirah*, podrían sugerir esta interpretación. La acción llevada a cabo en el mundo y sobre los acontecimientos no es, por lo tanto, el resultado de una acción mágica, sino teúrgica.

Tradicionalmente, el problema de la diferencia entre estos dos conceptos se resuelve destacando que la magia, que posee un carácter más constrictivo con respecto a la Divinidad, se caracteriza por un comportamiento al margen de los cánones religiosos comúnmente aceptados y tiene como objetivo la satisfacción de deseos concretos individuales. La teúrgia, por el contrario, tiene un carácter más impetrante y queda totalmente inscrita dentro del ritualismo religioso aceptado, además de estar dirigida normalmente al bien de varios. A pesar de que puede resultar un intento de definición necesariamente reduccionista, lo dicho puede constituir una referencia útil para la interpretación de la teúrgia y para entender que esta pueda considerarse como mucho más próxima al ritualismo religioso que al mágico.

Sin embargo, queremos aclarar el valor de esta simplificación, ya que podría formularse una objeción inmediata: si se analiza la historia del pensamiento tradicional en general, se observa que la definición de lo que es mágico y de lo que es teúrgico está influida por la visión religiosa del momento. Por lo general, se considera que aquello que culturalmente está aceptado y forma parte de la tradición religiosa más difundida pertenece a la esfera de la religión oficial (o, en cualquier caso, aceptada) y, por lo tanto, si se trata de rituales religiosos, se consideran teúrgicos. En cambio, todo lo que es considerado extraño a la tradición religiosa aceptada se juzga como impropio, ajeno, mágico.

Elementos pitagóricos, gnósticos y neoplatónicos

Se ha destacado en repetidas ocasiones, y desde varias fuentes, que la cábala, tal como la conocemos a partir de los textos medievales, recibió la influencia del neoplatonismo, mientras que los elementos más antiguos que, según algunos, constituyen la base de la propia cábala estuvieron influenciados principalmente por el pitagorismo y el gnosticismo. Para profundizar en este aspecto, es importante saber qué eran y qué enseñaban el pitagorismo, el gnosticismo y el neoplatonismo. De este modo podremos obtener un cuadro general de los temas e identificarlos a medida que vaya avanzando nuestro estudio.

El pitagorismo

Se trata de un movimiento filosófico y religioso que debe su nombre al filósofo griego Pitágoras (siglo VI a. de C.). Tales, otro importante filósofo griego que sostuvo que todo lo que conocía era fruto de su aprendizaje con los egipcios, animó a Pitágoras a visitar Egipto, para que pudiera conocer los grandes misterios custodiados por sus sacerdotes.

Varios biógrafos, entre los que figuran Porfirio y Jámblico, narran las aventuras de Pitágoras. Grandes admiradores del magnífico matemático, describieron el asombro que suscitó entre los egipcios el fuerte deseo de aprender del filósofo, que consiguió que incluso los sacerdotes más reticentes lo aceptaran como alumno. Uno de los misterios que le fueron desvelados fue el de la ciencia de los números, una disciplina de suma importancia para los egipcios, tal como corrobora una obra muy destacada, el papiro *Rhind*, copia de la época Hyksos de un documento todavía más antiguo cuyo título era *El cálculo exacto. La puerta de entrada al conocimiento de todas las cosas.*

La base del sistema elaborado por Pitágoras eran el número, la armonía y la relación. Si consideramos que todo lo que podemos reconstruir se halla bastante alejado del pensamiento griego de la época, es fácil darse cuenta de que Pitágoras de algún modo bebió del pensamiento egipcio y persa de ese periodo. Concretamente, una de las características de la escuela de Pitágoras, el secretismo, constituye uno de los elementos típicos de la enseñanza iniciática del antiguo Egipto.

La escuela pitagórica estaba dividida en dos niveles, uno para quienes conocían los secretos (es decir, tenían profundos conocimientos de matemáticas y filosofía) y otro para quienes tenían conocimientos sólo superficiales, en forma de máximas de comportamiento ético y fórmulas a respetar, quizá sin una comprensión efectiva.

Otro importante punto de correspondencia entre los pensamientos pitagórico y egipcio era la convicción de que el universo se halla dividido en dos áreas: una ordenada, armónica, equilibrada, fruto de la intervención organizada del mundo superior (de los dioses) y dominada por los números y por sus relaciones, y otra caótica, desorganizada, inarmónica, sede del Caos y, para los egipcios, de las aguas primordiales (NUN).

El concepto de armonía era consecuencia directa de la experimentación musical; se examinaban las relaciones entre las cuerdas de un instrumento musical o entre recipientes llenos de diferentes cantidades de líquido. Teón de Esmirna, refiriéndose a los acordes, explica que los pitagóricos afirmaban que estaban originados por pesos, tamaños, vibraciones y números. También recuerda que el pitagórico Laso de Hermione obtuvo estas relaciones con dos vasos, uno vacío y otro lleno hasta la mitad: al golpearlos obtenía una relación sonora de octava; la experimentación se desarrollaba, pues, obteniendo los acordes de cuarta y de quinta.

Otro concepto importante de la escuela pitagórica lo representa la idea de relación: en el universo todo se encuentra vinculado y, más que las cantidades específicas, lo que importa es la relación que se instaura entre las cosas.

Aunque desde el punto de vista práctico el pensamiento especulativo griego desarrolló con más profundidad aspectos matemáticos y geométricos, es difícil pensar que los artífices del descubrimiento de que todo el universo es equilibrio y relaciones no fueran los egipcios. Todo el universo puede ser transcrito en términos de relaciones y de números, y este es un descubrimiento de gran importancia.

El gnosticismo

El término *gnosis* significa «conocimiento» y hace referencia a algunas sectas religiosas surgidas entre los siglos I y III d. de C. en Oriente Medio, Grecia y Roma. Algunos autores cristianos de los siglos III y IV tratan de ellas en sus obras, así como autores neoplatónicos, como Porfirio. Gracias al descubrimiento de la biblioteca gnóstica de Nag Hammadi, en Egipto, también disponemos de testimonios directos de sus enseñanzas, si bien son limitadas.

PITÁGORAS Y EL CONCEPTO DE NÚMERO

¿De qué modo el número es el centro de todas las cosas? Por una parte, el número puede ser entendido como la estructura íntima del universo, la verdadera esencia de cada una de las cosas. Todo puede ser asociado a un número: una casa, una montaña, una estrella. Además, los números reflejan también las figuras geométricas, con sus significados y su simbolismo.

El número perfecto es el 10, que contiene la numeración base (después del 10 se vuelve a empezar por la unidad), pero también el 4, porque si se suman el 1, el 2, el 3 y el 4, se obtiene el 10. Como recuerda Aezio, Pitágoras sostenía que el alma está compuesta por el número 4, porque 4 son las capacidades cognitivas primarias: inteligencia, conocimiento, opinión y percepción.

El segundo aspecto considerado por el pitagorismo es la armonía: los números expresan las propiedades y las relaciones de los acordes armónicos, y el mundo entero es armonía y número.

Sin embargo, había puntos en que defender este método resultaba forzado. Por ejemplo, Aristóteles recuerda que los pitagóricos, como creían que el número 10 era perfecto, afirmaban que los cuerpos que se movían en el cielo también eran 10; no obstante, los cuerpos visibles en la época eran sólo nueve, por lo cual los pitagóricos estaban obligados a sostener que existía un décimo, invisible, llamado antitierra.

Para los cristianos, los gnósticos eran grupos heréticos surgidos del cristianismo de los orígenes; consideraban que eran cristianos caídos en el error por culpa de la fuerte influencia de elementos filosóficos griegos paganos. Esta posición fue motivo de ataque o de defensa durante mucho tiempo, según las escuelas de pensamiento. Actualmente se puede plantear la hipótesis de que grupos de cristianos, con posiciones muy antisemitas, hubiesen asimilado elementos religiosos de distinta procedencia (judía, del antiguo Irán, hermética), que posteriormente confluyeron en un núcleo de teorías heréticas. Varios autores paganos de la Antigüedad consideraban a los gnósticos como cristianos y diversas tradiciones muestran que algunas figuras importantes del gnosticismo, como por ejemplo Simón el Mago, tuvieron algún tipo de iniciación cristiana.

Entre los autores cristianos que combatieron a los gnósticos estaban Ireneo, Hipólito y Orígenes, que en sus obras contra los herejes describieron, aunque no siempre con exactitud, sus teorías y prácticas. Ireneo, obispo de Lyon, en la segunda mitad del siglo II d. de C., escribió *Adversus Haereses* (Contra las herejías), una obra que se propone desenmascarar y refutar la falsa gnosis, y en la que se ataca sobre todo el gnosticismo de Valentín. El uso del término *falsa gnosis* indica que la gnosis que propugnaban los gnósticos se veía como contrapuesta a la cristiana, el saber verdadero y único. En el siglo III, San Hipólito escribió *Refutación de todas las herejías*, una obra que durante mucho tiempo fue atribuida a Orígenes. A partir de este escrito tomó cuerpo y se difundió la teoría según la cual los gnósticos tenían una doctrina originaria cristiana, que más tarde fue contaminada por la filosofía y la ciencia griegas.

Entre los siglos I y III, Clemente Alejandrino y Orígenes escribieron contra los gnósticos, y, en el siglo IV, Epifanio, obispo de Salamina (Chipre), escribió una obra titulada *Panarion*, en la que presentó y criticó numerosas herejías, entre las cuales se hallaba la de los gnósticos.

Por lo general, las siete doctrinas gnósticas se conocen con el nombre del maestro de cada escuela: los valentinianos, por ejemplo, son los seguidores de Valentín.

El descubrimiento, en 1946, en Nag Hammadi (Luxor), de trece códices en papiro que contienen cincuenta y tres obras, muchas de ellas desconocidas, contribuyó a proyectar una nueva luz —y también a abrir nuevas polémicas— sobre la gnosis. Algunas de estas obras no son estrictamente gnósticas, pero hacen alusión a temas gnósticos. La mayor parte es claramente cristiana, pero a veces resulta difícil determinar si se trata de textos cristianos con influencias gnósticas, o bien de textos gnósticos con influencias cristianas. Unos de los títulos más interesantes son los *Evangelios gnósticos*, escritos entre los años 120 y 200 d. de C. y entre los que destacan el Evangelio de Tomás, el de María Magdalena, el de la Verdad y el de Felipe.

Los puntos fundamentales de la enseñanza gnóstica que la diferencian de otras formas místico-religiosas son los siguientes:

- La existencia terrenal es un castigo terrible, fruto de una caída original que ha cambiado nuestra naturaleza: de seres espirituales y casi divinos inicialmente nos hemos convertido en seres encerrados en un cuerpo y un mundo material.

  El destello primordial, de origen divino, todavía está en el hombre, pero no en todos, ya que algunos lo han apagado hasta el punto de que necesitan un largo recorrido de purificación lleno de obstáculos para redescubrirlo; otros no lo poseen en absoluto y están obligados a vivir en un estado puramente material. De ahí deriva una valoración profundamente negativa del mundo de la materia, que no es más que una cárcel insoportable. Encontramos un ejemplo de este concepto en *La pupila del mundo*, obra que trata el tema de la caída de las almas.

- A través del conocimiento podemos recuperar la conciencia de nuestra naturaleza superior. No se trata de un conocimiento de tipo filosófico o científico, que procede de abajo y es fruto del trabajo y el esfuerzo de cada uno, sino de un conocimiento elevado, transmitido desde arriba a través de la iniciación y la gracia divina, o bien transmitido por la encarnación terrena de un ente superior (por ejemplo, Simón el Mago es reconocido como potencia de Dios o Jesucristo).

  En las siete doctrinas gnósticas más claramente cristianas se trata el tema de la enseñanza secreta de Jesucristo, que impartió exclusivamente a los discípulos más cercanos y que estos transmitieron por vía oral y a través de escritos secretos, celosamente custodiados por grupos iniciáticos. Los Padres de la Iglesia que han luchado contra los gnósticos hacen una referencia explícita al hecho de que estos tenían evangelios propios, algunos de los cuales fueron hallados en Nag Hammadi.

Por otra parte, la transmisión oral de un doble mensaje, dirigido a un grupo de iniciados y al público externo, se encuentra tanto en la tradición filosófica egipcia y griega (por ejemplo, en el pitagorismo), como en la propiamente cristiana.

Ya hemos visto que son frecuentes las referencias evangélicas al hecho de que Jesucristo enseñara en forma de parábolas a todo el mundo y de un modo directo sólo a sus discípulos.

Además, se puede descubrir una última herencia del planteamiento gnóstico en algunas corrientes de la mística cristiana, por ejemplo en aquellas dominadas por el hesicasmo.

Pese a que ya nada queda del aspecto herético de la gnosis antigua, la insistencia en el aspecto experimental de lo divino, junto con la necesidad de la iluminación desde la altura y el rechazo de un acercamiento filosófico-profano al conocimiento, estimado inútil para la vida espiritual, indican que ciertas tradiciones, por muchas transformaciones que hayan sufrido, no se han perdido del todo.

- Uno de los aspectos típicos del gnosticismo es el modo como se separa el Dios del Antiguo Testamento del Dios del Nuevo Testamento. No se reconocen como una única Divinidad, sino como dos Divinidades distintas: la del Antiguo Testamento es el Demiurgo Creador, mientras que la del Nuevo Testamento es el Dios Sumo.

Las escuelas gnósticas más importantes fueron las de Simón el Mago, los ofitas, los setianos, los basilidianos, la de Carpócrates, la de su hijo Epifanio y, finalmente, la valentiniana, muy importante.

De todas ellas, la más próxima a la Iglesia católica fue la secta valentiniana, que debe su nombre a Valentín, un personaje cristiano alejandrino que vivió en la primera mitad del siglo II.

Según la tradición, fue discípulo de Teuda, a su vez discípulo de Pablo, e intentó sin éxito llegar a obispo.

Muchos escritos hallados en Nag Hammadi tienen una clara huella valentiniana, pero del guía de la escuela sólo nos han llegado unos pocos fragmentos, la mayor parte de los cuales son obra de sus discípulos, que se encontraban en muchos países del mundo antiguo.

Según Valentín, el mundo divino está estructurado en treinta parejas de eones (entidades), masculinos y femeninos. Después del pecado se perdió la unidad de las parejas, que debe ser renovada por el gnóstico, uniéndose de nuevo con el compañero celeste (ángel).

Uno de los eones (*Sophia*, la sabiduría) desciende al mundo, comportando una caída del elemento divino, que debe ser reparada por la intervención de la propia Divinidad; en efecto, esta desciende a la Tierra para reencontrar este elemento y reconstituir la pareja originaria.

Ángel triunfante. Dibujo procedente de una obra de Beatus de Gerona (FS)

El neoplatonismo

El neoplatonismo es una corriente filosófica que recuerda en algunos puntos al gnosticismo. Fundado por Amonio y posteriormente sostenido por Plotino, Porfirio y Jámblico, entre otros, el neoplatonismo se basa fundamentalmente en una nueva interpretación del pensamiento de Platón y de los platónicos en general.

Su concepto fundamental es el de la Emanación que procede del Uno, fuente de todas las cosas, del que proviene el *Nous* («mente, inteligencia»), que, a su vez, produce la *Psique*, generadora de las almas individuales y del mundo de la materia. El objetivo del hombre, que está compuesto de dos dimensiones, la espiritual (positiva) y la material (negativa), es liberarse de la dimensión material y unirse de nuevo con el Uno.

El último de los grandes neoplatónicos, que sintetizó con mucho acierto el pensamiento de esta escuela filosófica, fue el griego Proclo, que pasó su vida entre Constantinopla (en donde nació en el año 412 d. de C.), Xanthos (capital de Licia, en Turquía), Alejandría y Atenas, en donde murió en el año 485. Durante su estancia en Alejandría fue alumno de Olimpiodoro el Viejo y en Atenas, de Plutarco de Atenas y de Siriano. Proclo fue el principal representante de la escuela neoplatónica y, debido a su obra, constituida sobre todo por comentarios de los diálogos platónicos, se le considera el último pensador sistemático de esta escuela. Además de los comentarios, destacan otras obras, como el comentario del primer libro de *Los elementos* de Euclides, una presentación de las teorías de Tolomeo e Hiparco y una obra sobre el pensamiento caldeo.

Marco histórico y geográfico

Grandes cabalistas antiguos y modernos

Según la división tradicional del desarrollo histórico de los movimientos cabalísticos, se distinguen cinco periodos: el primero comprende el primer milenio después del final del Segundo Templo y las contribuciones se distribuyen sobre todo por el Próximo y el Medio Oriente; el segundo periodo, que va de los siglos XII a XIV, tiene como centro geográfico Alemania y Provenza; el tercer periodo, que va del siglo XIII al XV, está caracterizado por las aportaciones españolas; el cuarto periodo abarca los siglos XVI y XVII, y tiene como centro Tierra Santa, y el quinto y último periodo, comprendido entre los siglos XVIII y XX, presenta como referencia geográfica Europa del Este y, más tarde, Estados Unidos e Israel. En cada uno de estos periodos históricos han surgido y se han desarrollado tendencias diferentes en el seno de la cábala.

Debido a que la cábala cuenta con varios siglos de historia, es lógico que sea difícil realizar una elección que resulte satisfactoria para todos los intereses. Muchos pensarán que los personajes que presentamos sólo son representativos de algunas tendencias de la cábala, pero no de todas.

Por otra parte, el hecho de buscar la satisfacción de todos los intereses sería un trabajo poco o nada rentable, o incluso inútil, en una obra introductoria como esta.

Sin embargo, queremos aclarar que, si bien los cabalistas pueden ser presentados sin efectuar distinción alguna, por ejemplo en orden alfabético o cronológico, consideramos oportuno dividirlos en tres grupos: cabalistas de tradición hebrea, cabalistas de tradición cristiana y cabalistas esotéricos modernos.

Los presentaremos en tres secciones, para diferenciar claramente tres líneas de pensamiento que, pese a tener puntos comunes, parten de presuposiciones distintas y presentan aspectos muy diferentes. Esto es así porque la interpretación que ofrecen los cabalistas cristianos y esotéricos modernos no cuenta casi nunca con la aprobación de los cabalistas de tradición hebrea, que no les otorgan valor alguno en el contexto cabalístico (quizá con la única excepción de Ghersom Scholem, aunque se limita a algunos nombres).

En realidad, el problema es más complejo de lo que parece. En efecto, desde Abulafia, y sobre todo en Italia, aparecen muchos cabalistas que, en un intento de acercar las posiciones de las religiones monoteístas, en particular del hebraísmo y el cristianismo, introducen en el sistema cabalístico que elaboran algunos conceptos de clara derivación cristiana (como una forma particular de Trinidad), influenciando a cabalistas cristianos como Pico de la Mirandola y Reuchlin. Por estos motivos presentaremos a los cabalistas de tradición hebrea siguiendo la división histórica arriba indicada y a los cabalistas cristianos y los esoteristas occidentales en los capítulos siguientes.

Primer periodo

En el primer periodo, citado al principio de este capítulo, aparece una mística estática representada por la *Obra del Carro* (*Ma'ash Merkavah*), que se centra en una meditación sobre la visión del carro que tuvo Ezequiel, junto a la del trono de Dios. Este término, que aparece en la *Mishnah* y hace referencia al primer capítulo de Ezequiel, se encuentra en Crónicas 28, 18 («Les dio oro para el altar de los perfumes, indicándoles el peso, el modelo en oro del carro de los querubines que desplegaban las alas y protegían el arca de la Alianza del Señor»)[6] y en el *Sirácide* 49, 8 («Ezequiel tuvo la visión de la gloria llevada en el carro de los querubines»).[7] El objetivo de los místicos era cumplir la obra de adoración de Dios estando presentes directamente en sus Demoras celestiales, a las que debían ascender por la vía mística. Al mismo tiempo, se dedicaban a la *Ma'aseh B'reshit* (*Obra de la Creación*), a la meditación y al estudio de los primeros libros del Génesis y del fundamental *Libro de la Formación* (*Sefer Yetzirah*).

No es fácil reconstruir los hechos que dieron lugar a la formación de esta visión del mundo; varios autores han intentado remontarse, en primer lugar, a la influencia que ejerció en el pensamiento hebreo la filosofía grecohelenista o persa, tomando en consideración el final del periodo del Segundo Templo (en los inicios de la era cristiana). A partir de este periodo se pueden identificar grupos de personas que se alejan de la comunidad hebrea para dar vida a formas separadas de existencia centradas, por ejemplo, en la plegaria, la iniciación y una férrea disciplina de

Osario de piedra, final del periodo del Segundo Templo (FS)

---

6. Traducción del autor.

7. El *Sirácide* (*Eclesiástico*) no forma parte del canon hebreo, fue escrito originariamente en hebreo, pero se conserva en la versión griega.

Arca de la Alianza, Guiard des Moulins, *Bible Historiale*, París, finales del siglo XIII. Maestro de Fauvel y colaboradores (BNF/G)

vida. Algunos de estos grupos son los esenios y sus predecesores, los asideos, así como otros que se nutrieron de la apocalíptica judía.

Los asideos constituyen precisamente el ejemplo más interesante sobre cómo podrían haberse formado los primeros grupos de iniciados con fuertes connotaciones apocalípticas, junto con sus sucesores, los esenios, que, por la cantidad de datos e información que poseemos actualmente, representan un sector de investigación de gran importancia para entender el pensamiento de aquellos tiempos lejanos. Les dedicaremos un amplio tratamiento, que ejemplifica cómo se estructuraba y vivía una rama tradicionalista, iniciática y mística dentro del judaísmo.

La apocalíptica judía

Para entender el fenómeno cabalístico resulta muy útil empezar abordando el tema de la apocalíptica judía. El término *apocalipsis*, de origen griego (*apokalypsis*), significa «revelación» y originariamente tenía un significado diferente del que adquirió más tarde: antiguamente se utilizaba con el sentido de «descripción de una visión». El profeta narraba una visión que había tenido, que normalmente se refería a acontecimientos finales (fin del mundo, juicio final, etc.), para comunicar el mensaje que la Divinidad quería hacer llegar al pueblo.

La apocalíptica judía se desarrolló en el transcurso de tres siglos, desde el año 200 a. de C. hasta el 150 d. de C., y se caracterizó por una relativa homogenei-

Isaías profetizando, Guiard des Moulins, *Bible Historiale*, París, finales del siglo XIII (BNF/G)

dad de temas y de pensamientos: J. Lindblom, en su obra *El apocalipsis de Isaías*, publicada en 1938 en Leipzig, destaca que hay elementos que son comunes en varios escritos apocalípticos, como por ejemplo el dualismo, la historia interpretada en clave pesimista, la importancia de la trascendencia, de la cosmología, de los números, del esoterismo, etc. Otros autores, como H. H. Rowley, S. B. Frost y M. Delcor, completan la lista añadiendo la importancia de la visión cósmica de la historia, de los inicios de la revelación bíblica (Creación, caída de Adán, acción de los ángeles, el problema del mal, la lucha entre los hijos de la luz y los hijos de las tinieblas, la vida ultramundana), de la Resurrección y de la figura del Mesías.

Existen varios escritos apocalípticos importantes; no obstante, como no siempre resulta fácil encuadrar ciertos documentos, en función de los autores este número de escritos varía. En esta obra se sigue la numeración de Mathias Delcor, que en *Los apocalipsis judíos* considera que las obras son diecisiete:

- Libro de Daniel (en el canon del Antiguo Testamento);
- *Libro de Enoc etíope*;
- *Libro de los Jubileos*;
- *Oráculos sibilinos*;
- *Testamentos de los Doce Patriarcas*;
- *La elección de Moisés*;
- *Ascensión de Isaías*;
- *Vida de Adán y Eva*;
- *Apocalipsis de Abraham*;
- *Libro de los secretos de Enoc o Enoc II*;
- *Cuarto libro de Esdra*;
- *Apocalipsis sirio de Baruc o Baruc II*;
- *Testamento de Job*;
- *Testamento de Abraham*;

- *Apocalipsis de Elías* y *Sifonía*;
- Apocalipsis de Juan (en el canon de la Biblia cristiana);
- *Libro de la guerra de los hijos de la luz contra los hijos de las tinieblas* (texto esenio qumránico).

Por nuestra parte, añadimos el libro de Ezequiel, en concreto la primera parte, propiamente llamada Apocalipsis (descripción de una visión).

Los asideos

Una lectura atenta del profeta Daniel y de otras obras de temática apocalíptica nos permite conocer la existencia de un grupo de hebreos muy fervientes, conocidos con la denominación de asideos. Este nombre, que procede del griego *Assadaioi*, derivado a su vez del arameo *Hassidayya* (*Hassidim* en hebreo), tiene una especial importancia porque tuvo un gran eco en los siglos siguientes y caracterizó un movimiento místico que ha llegado hasta épocas recientes. Los orígenes de los asideos son guerreros: en la época de la revuelta de los macabeos, constituían el brazo armado del movimiento revolucionario y se les conocía por su particular fanatismo.

Los esenios

Los esenios eran una comunidad religiosa activa en Israel desde el siglo II a. de C. hasta finales del siglo I d. de C. El nombre de *esenios* podría significar «píos, santos o venerables». Los orígenes del movimiento esenio son difíciles de datar, ya que los autores clásicos, como Flavio Josefo, Filón de Alejandría y Plinio, se refieren a los esenios como a un grupo muy antiguo, y los documentos de que disponemos se pueden fechar sólo a partir del inicio del siglo II a. de C. En efecto, data de aquella época el *Documento de Damasco*, un texto hallado a finales

A la izquierda, jarrón de bronce hallado en la Gruta de las Letras (mar Muerto) (FS); a la derecha, ánfora del mismo tipo de las que conservaron los rollos del mar Muerto (FS)

del siglo XIX en la *Genizah* (sala reservada a la conservación de textos religiosos inutilizables) de la sinagoga de El Cairo. El texto es importante porque narra la separación que tuvo lugar en el seno del judaísmo, o bien, según otras interpretaciones, dentro de la misma secta de los esenios: a causa de la decadencia de la religión y de los usos y costumbres tradicionales judíos, un grupo de personas decidió separarse de los otros hebreos y vivir en lugares desérticos para cultivar la pureza de la fe tradicional.

Durante veinte años, el grupo vivió sin saber exactamente cómo organizar su vida social y religiosa, hasta que, hacia el año 170 a. de C., un personaje importante, llamado Maestro de Justicia, les encontró en el desierto y se convirtió en el jefe de la comunidad y legislador. Este personaje, que era sacerdote saduceo, podría haber huido de la persecución del Gran Sacerdote de Israel, probablemente Menelao, ya que durante su ministerio hubo numerosas luchas intestinas, en un periodo de intensa penetración del helenismo en Jerusalén.

Las grutas de la sabiduría

En 1945 se descubrieron los famosos rollos del mar Muerto, hallazgo que produjo un gran revuelo en la comunidad de expertos. En la primavera de aquel año un pastor árabe encontró en una gruta, dentro de un ánfora, un primer grupo de escritos que fueron entregados a un estudioso hebreo y al superior del monasterio sirio ortodoxo de San Marcos, quien, a su vez, puso cuatro documentos a la venta.

Los estudiosos americanos Trever y Brownlee tuvieron la oportunidad de fotografiar estos valiosos documentos, una parte de los cuales publicaron en 1950-1951: eran el Primer rollo de Isaías, la *Regla de la comunidad* y el *Comentario de Habacuc*.

Después de este primer hallazgo, se emprendieron búsquedas más en profundidad, que, a pesar de las dificultades y los problemas que fueron surgiendo, concluyeron con el descubrimiento de otras grutas que contenían numerosos rollos y fragmentos, muchos sobre pergamino y otros sobre papiro. La búsqueda duró nueve años y el descubrimiento del último rollo, que fue adquirido por el Estado de Israel, tuvo lugar en 1967. Sin embargo, no puede decirse que no haya más material en circulación.

La zona de los hallazgos está constituida por el valle surcado por el torrente Qumrán y la terraza de una ladera llamada Ruina de Qumrán *(Khirbet Qumran)*. Al parecer, los textos de esta importante biblioteca fueron escondidos apresuradamente, quizá por la aproximación de las tropas romanas a la región durante la represión de la revuelta hebrea. Después de años de debate, los estudiosos han llegado a la conclusión de que los documentos encontrados fueron elaborados por los esenios.

El texto del *Documento de Damasco*, junto con algunas notas de autores clásicos, fue, hasta hace algunas décadas, el único documento conocido sobre la comunidad esenia.

La vida de los esenios

La mejor descripción de la comunidad de los esenios es la que ofrece Filón de Alejandría (13 a. de C.-45 d. de C.), que recuerda que fueron un grupo minoritario formado por unas cuatro mil personas que vivían en pueblos, realizando distintos trabajos, pero sin el deseo de obtener más de lo necesario para vivir, absteniéndose de la propiedad de bienes y posesiones, de la guerra y del comercio.

Los esenios estaban en contra de la esclavitud, vivían en armonía los unos con los otros, se ayudaban mutuamente y respetaban estrictamente las leyes de los padres, honoraban el sábado, escuchaban los textos bíblicos y recibían enseñanzas de tipo simbólico.

Según Filón, los esenios fundamentaban su visión de la existencia en el amor de Dios, acentuado por una vida transcurrida en la máxima pureza y en la virtud, manifestadas por el rechazo de las riquezas, y en el amor por los hombres, demostrado por su igualitarismo. Los enfermos y los ancianos merecían una atención particular, y la comunidad se encargaba de cuidarlos y asistirlos.

Según Eusebio de Cesárea, que hace referencia a la *Apología de los hebreos*, una obra perdida de Filón, entre los esenios no había niños ni adolescentes, todos eran personas maduras; al parecer, no hubo matrimonios en el seno del grupo, y vivían en perfecta continencia, como en una comunidad monástica.

En el grupo se reconocían cuatro niveles de pureza, según el tiempo pasado en la comunidad, y cada nivel permanecía aislado de los demás, de modo que, en caso de contacto, era necesario realizar un ritual de purificación.

El tiempo libre se dedicaba al estudio, a profundizar en la ley, a su interpretación simbólica y alegórica, al estudio de la astrología y a la predicción.

La literatura esenia

La literatura esenia abarcaba, aparte de los escritos sagrados de la tradición, muchas obras de temática mágica, terapéutica y apocalíptica, entre las que destaca el *Libro de Enoc*, del que se han encontrado en Qumrán varios fragmentos en hebreo y arameo; en el último capítulo se subraya la importancia del ascetismo como momento preparatorio para la transmisión de los conocimientos esotéricos superiores, elemento que encontramos también más adelante, en los místicos de la *Mercavah*. En el capítulo XIV del *Libro de Enoc* se insiste, además, en la importancia de otro tema tratado con frecuencia en la literatura mística de la *Mercavah*: los misterios del trono, que enlazan con la visión del carro de Ezequiel y la del trono y el carro de Daniel (véase el capítulo «Antecedentes literarios antiguos»). Concretamente, un fragmento trata de los ángeles que loan el diseño del trono y del carro.

> **LA DIFÍCIL INICIACIÓN DE UN ASPIRANTE ESENIO**
> Uno de los aspectos más interesantes de los esenios lo constituye el ingreso en la comunidad, que consistía en una estricta iniciación. Quien quería entrar en la secta, era sometido, en primer lugar, a un examen; si lo superaba, era aceptado por un periodo de prueba. A continuación, una asamblea examinaba la candidatura y decidía si aceptaba o no al candidato por un periodo de un año. Al final de esta segunda fase, el solicitante volvía a ser examinado y, si demostraba ser suficientemente ducho en la ley y haber mantenido un comportamiento en línea con lo prescrito por la rígida disciplina de la comunidad, era admitido en el último año de prueba. Sus bienes pasaban al grupo, pero todavía no formaban parte del tesoro común, y no se le permitía comer junto con los miembros de la comunidad. Una vez terminada la prueba, si era considerado idóneo, entraba de pleno derecho en la secta mediante una ceremonia de iniciación; sus bienes pasaban definitivamente a la comunidad y se le confiaba una tarea. La entrada en la secta no era el último examen de los miembros: todos se volvían a examinar cada año y podían ascender en la jerarquía o descender, con posibilidad de ser castigados. Todas las actividades se realizaban en comunidad: el estudio, las comidas y las plegarias.

Si analizamos con detalle los textos y las fuentes históricas de la secta esenia de Qumrán, encontramos algunas contradicciones (por ejemplo, en lo que concierne al matrimonio o la guerra), pero el problema puede resolverse fácilmente si se considera que tanto los textos como las fuentes hacen referencia a momentos y periodos diferentes, y que a lo largo del tiempo algunas costumbres de la comunidad pudieron haber evolucionado.

Primeros siglos de la meditación cabalística

Los rabinos Shammai, Hillel, Akiva, Ismael y Shimon bar Yohai no son cabalistas en el sentido estricto de la palabra, a pesar del papel que adquieren en la tradición cabalista medieval, por ejemplo, como hipotéticos autores de importantes obras cabalísticas. Son personajes que, tal como subraya la tradición, presentan características personales y de pensamiento que hacen que entendamos que la cábala no nació de pronto de la nada, sino de la maduración de temas, problemas, comportamientos típicos del pensamiento hebreo de finales del siglo I a. de C. y principios de nuestra era, así como también de la influencia de otras tradiciones orientales y occidentales.

Rabí Shammai y rabí Hillel

El nombre de rabí Hillel normalmente se asocia con el de rabí Shammai. Ambos vivieron entre finales del siglo I a. de C. y principios del I d. de C., y representan dos escuelas de pensamiento llamadas Bet Hillel y Bet Shammai.

Rabí Shammai fue un técnico de miras más bien estrechas con una interpretación rígida de la ley. Por su parte, rabí Hillel fue un personaje de orígenes humildes que vivió en una gran pobreza y se caracterizó por una visión de la vida más dulce y humana; se fijaba especialmente en la evolución espiritual de las personas.

En el Talmud hay cientos de fragmentos en los que se presentan las disputas y las soluciones opuestas presentadas por estos dos rabinos, y en la mayor parte de las cuales prevalece el pensamiento de Hillel.

Rabí Akiva

Hemos presentado la figura de rabí Akiva, junto con la de rabí Ismael, en el primer capítulo, a propósito de la *Shekhinah*. Rabí Akiva fue uno de los mayores *tannaim*, o estudiosos de la *Mishnah*, disciplina que desarrolló hasta convertirla en un completo método exegético del texto bíblico. Concretamente, Akiva intentó conectar la práctica tradicional con fragmentos específicos de la Biblia.

Vivió entre la segunda mitad del siglo I y la primera del II. Fue considerado el promotor espiritual de la revuelta de Bar Kochba (132-135 d. de C.). Tuvo que presenciar las crueles devastaciones ocurridas al final de la revuelta (quizá se trate de la más importante persecución sufrida por los hebreos antes de la *Shoah*), así como la muerte de veinticuatro mil de sus alumnos y seguidores.

A pesar de la profunda tristeza que le causaron estos acontecimientos, se cuenta que mantuvo una actitud llena de fe y esperanza, convencido de que, del mismo modo que las tragedias sufridas confirmaban algunas profecías, también las otras, las que hablaban de la grandeza futura del pueblo de Dios, se verían confirmadas. Rabí Akiva fue capturado por los romanos después de la revuelta, y fue torturado y ejecutado.

Ostracon con el nombre de Ben Yair, líder de la revuelta contra Roma del 73 d. de C. Los ostracones son fragmentos de ánforas utilizados, por ejemplo, para sortear el nombre de personas que debían desempeñar encargos particulares (FS)

Rabí Shimon bar Yohai

Alumno y continuador de rabí Akiva, después del dramático fin de la revuelta judía de Bar Kochba contra los romanos, fue perseguido por los ocupantes, que se proclamaron vencedores. Según cuenta la tradición, se refugió en una cueva, en donde permaneció encerrado junto con su hijo, el futuro rabí Eleazar ben Simón.

Rabí Akiva transmitió a rabí Shimon bar Yohai las enseñanzas secretas de la Torá oral *(Torah HaSod)*, que se pueden identificar con los principios de lo que luego sería la cábala.

Rabí Bar Yohai permaneció durante trece años en la cueva, aplicándose al estudio de la Torá, tanto de la oculta como de la revelada, hasta que regresó junto a los hombres, de quienes no tardó en huir disgustado. Una voz le invitó a entrar en la cueva, en donde reflexionó sobre su conducta, y volvió de nuevo, esta vez ya para quedarse, a la sociedad humana.

Según la tradición, rabí Bar Yohai es el autor del *Zohar*, obra que también es atribuida, probablemente con más acierto, a Moisés de León.

Segundo periodo

En el segundo periodo predomina el valor de la piedad y del ascetismo. La enseñanza principal procede de las obras de muchos autores germánicos, provenzales y españoles: rabí Yehuda HeHassid (muerto en el año 1217), autor del *Sefer Hassidim (Libro de los Devotos)*, rabí El'Azar de Worms (1165-1230), autor del *Sefer HaRokeah*, rabí Nehunya ben HaKana (Provenza, siglo XII), probable autor del *Sefer HaBahir*, rabí Isaac el Ciego (Provenza, siglo XIII) y rabí Mosé ben Nahman (Gerona, siglo XIII).

El'Azar de Worms

Según algunos autores, rabí El'Azar de Worms nació en el año 1165; otros sostienen que lo hizo en 1176 en Maguncia, descendiente de una familia de vasta tradición, los Calonimidi, instalada en Alemania procedente de Lucca probablemente en el siglo IX.

Después de que su padre, Yehudah ben Qalonimus, le impartiera las primeras enseñanzas sobre *Halakah*, Torá y esoterismo, fue alumno de rabí Mosheh-ha-Konen; posteriormente, en Metz, de rabí Eli'ezer ben Shemu'el, y, finalmente, del cabalista Yehuda ben Shemuel HeHassid, quien le inició en los secretos de la cábala y le consideró su mejor alumno. Probablemente fue también el último en continuar este tipo de investigación, porque, después de él, parece perderse la pista de la tradición esotérica de transmisión directa.

Según la tradición, fue víctima de las persecuciones de los cruzados (era la época de la Tercera Cruzada). Después de escapar de la persecución de 1188 en Maguncia y de fugarse de la ciudad de Muenzerberg, en donde inicialmente había sido acogido con su familia después de un segundo ataque contra los hebreos,

El PENSAMIENTO DE EL'AZAR DE WORMS

Leyendo las obras de rabí El'Azar de Worms nos encontramos ante una personalidad compleja: un hombre muy culto, versado en astronomía, talmudista y uno de los principales estudiosos de la tradición de su tiempo. Aplicó el método cabalístico, sobre todo la combinación de las letras hebreas, hasta sus últimas consecuencias y obtuvo resultados místicos muy importantes. Según se cuenta, tuvo visiones de entidades del más allá, ángeles y demonios. Resulta especialmente significativa su contribución a la evolución de la piedad y del ascetismo, como se desprende de sus obras éticas.

El SECRETO MÁS ARCANO: LA OBRA DE LA CREACIÓN

La obra de El'Azar de Worms *Sode Razayya (El Secreto más Arcano)* es una amplia recopilación de textos místicos, a la que pertenece la sección titulada *El Secreto de la Obra de la Creación*, que trata uno de los dos temas, la *Obra de la Creación* y la *Obra del Carro*, que tienen un papel central en el pensamiento cabalístico. En referencia a la *Obra del Carro*, el *Sode Razayya* explica los distintos procedimientos (niveles) a través de los cuales es posible acercarse a la visión del carro *(Merkavah)*; la *Obra de la Creación* se compone de treinta y siete capítulos que se inician con una de las letras del alfabeto, que es explicada y comentada. A continuación, reproducimos dos fragmentos en los que se citan a quienes pueden recibir el libro. A pesar de tratarse de una época antigua, el problema de la transmisión de los conocimientos se percibía como de vital importancia. En épocas posteriores, con Cordovero, se establecieron disposiciones menos drásticas. Después, a caballo entre los siglos XVII y XVIII, volvió la severidad.
Así es como se trata el problema en la introducción: «Se debe transmitir este libro llamado *Secreto de los Secretos* sólo a un hombre modesto y de edad madura, que no se deje llevar por la ira ni beba desmesuradamente, que renuncie a la venganza, que tema a Dios y se abstenga del mal, que recorra los caminos de su Creador y busque la justicia... No se debe transmitir lo que es secreto a alguien que no sea un sabio, ya que este es prudente y entenderá en su corazón». Justo a continuación, el texto indica cuáles son los secretos: «Los tres tipos de secreto son los siguientes: el Secreto del Carro *(sod ha-Merkavah)*, el Secreto de la Obra de la Creación *(sod ma'aseh be-Reshit)* y el Secreto de los Preceptos *(sod ha-Mitsvot)*».*

* El'Azar de Worms, *Il Segreto dell'Opera della Creazione*, ECIG, Génova, 2002.

se reanudaron las persecuciones. El 15 de noviembre de 1196 unos cruzados mataron a su esposa y dos hijos en Worms, la ciudad en donde se había refugiado. Allí ejerció de rabino y fue considerado uno de los principales exponentes de la enseñanza rabínica. Murió en el año 1228.

Además de estudioso del Talmud, la liturgia y la cábala, y de visionario, rabí El'Azar de Worms fue autor de numerosas obras.

En general, su producción sigue dos líneas: textos que tratan sobre la ética y textos que tratan sobre la cábala, además de otras obras que no se engloban en ninguna de estas dos categorías.

Dentro del grupo de las obras sobre ética cabe recordar el *Sefer-ha-Kapparot*, sobre el pecado, su confesión y la consiguiente penitencia, que no fue publicado hasta el siglo XVI, y el *Sefer Ha-Hayyim*, sobre la unidad de Dios, el alma y las etapas de la vida del hombre.

Dentro del grupo de las obras cabalísticas figuran varios escritos sobre los Salmos, sobre las Plegarias, la obra *Perush'al Sefer Yetzirah* (un comentario sobre el *Libro de la Formación*) y un comentario cabalístico del Pentateuco. Los nombres de Dios y de los ángeles son el tema del *Sefer ha-Hokmah* y del *Sefer ha-Shem* (sobre los nombres de Dios compuestos por veintidós letras, con las correspondientes tablas de permutaciones de las letras).

La obra *Sode Razayya* (*El Secreto más Arcano*) presenta la literatura cabalística de los misterios de la *Mercavah*. Se trata concretamente de una compilación de doctrinas esotéricas, típicas del círculo de los devotos de Ashkenaz (Chaside Ashkenaz), activo en Renania entre los siglos XI y XIII, entre las cuales se encuentran textos y comentarios relativos a la teología esotérica, la astrología y la devoción.

Isaac el Ciego

Este cabalista, que vivió en el sur de Francia entre los siglos XII y XIII, está considerado por muchos el verdadero padre de la cábala, disciplina que halló en él, después de haber sido transmitida de persona a persona desde los tiempos de la Revelación en el monte Sinaí, a la persona que le dio una forma completa y escrita.

Introdujo en el pensamiento cabalístico conceptos importantes, como las *sefirot* y la metempsicosis. Además, Isaac el Ciego fue el autor de una obra importante: *Comentario al Libro de la Formación*.

De sobrenombre *el Ciego* (en arameo, *Sagi nahor*, «rico en luz», expresión que se aplica a quien está privado de la capacidad de ver), Isaac el Ciego demostró poseer una increíble lucidez intelectual que lo llevó a desarrollar una intuición interior considerable, construida sobre una mística contemplativa, indispensable, según él mismo, para conocer la verdad, que consiste en ascender de lo material a lo espiritual. El recorrido se efectúa yendo de esencia en esencia, descubriendo rostros que contienen otros rostros, hasta alcanzar la contemplación de lo divino.

Sin embargo, dicha contemplación no se entiende como una visión directa de la Divinidad (o fusión con esta), que se considera imposible, sino más bien como una contemplación (o absorción), obtenida mediante la inmovilidad y el silencio, de aquello que el teólogo cristiano ortodoxo Palamas denominaría «las energías divinas».

Mosé Ben Nahman

Mosé Ben Nahman fue un personaje muy relevante, tanto desde el punto de vista cultural como social. Nació en el año 1194 en Gerona, en donde transcurrió la mayor parte de su vida. Dio muestras de una cultura vastísima en todos los temas relacionados con el judaísmo, desde el Talmud hasta la cábala.

Fue heredero de dos escuelas distintas: la francesa, caracterizada por el rigor en el análisis, y la española, de planteamientos haláquicos. Su *Comentario sobre el Chumash* se caracteriza por la típica lectura a varios niveles de la que ya hemos hablado, moviéndose desde el espacio de cada versículo hasta la interconexión entre párrafos y capítulos.

Sostuvo el valor de la *mitzvà* del retorno a la tierra de Israel, único lugar en que las *mitvot* tendrían la máxima eficacia. Decidió trasladarse a Jerusalén, ciudad que encontró en condiciones dramáticas y donde fundó una sinagoga e intentó consolar a su gente con un *Comentario sobre el libro de Job*. Murió en el año 1270.

Tercer periodo

En el tercer periodo, caracterizado sobre todo por la aportación española, destaca la importante obra cabalística de rabí Abraham Abulafia (España, siglo XIII), quien, meditando sobre todas las letras de la Torá, siguió un camino místico y ascético de unión con Dios (*devekut*). Su alumno Yosef Gikatilla fue uno de los más importantes cabalistas castellanos.

Este periodo se caracteriza por el descubrimiento de una obra de importancia fundamental para la cábala, el *Libro del Esplendor* (*Sefer HaZoar*), atribuido a rabí Shimon bar Yohai (Galilea, siglo II), pero que probablemente fue escrito o revisado por rabí Moisés de León (1250-1305); otros estudiosos afirman que el autor podría haber sido el propio Gikatilla.

Rabí Abraham Abulafia

Abraham Abulafia nació en Zaragoza en el año 1240. En 1291 apareció su última obra, *Discursos sobre la Belleza*, y a partir de esta fecha se pierde su pista. Después de que su familia se trasladase a Navarra, su padre se encargó de su formación religiosa. A la edad de veinte años, Abraham Abulafia inició largos peregrinajes que lo llevaron a muchos lugares del mundo conocido por aquel entonces. Un intento de visitar Palestina fracasó en la costa, ya que no logró pasar de la fortificación cruzada de Acre. Con la intención de visitar Roma, se detuvo en Capua, en donde se dedicó a la enseñanza y a estudiar las obras de Maimónides, probablemente bajo la guía de Samuel Bel Eliécer de Verona. A los treinta y un años estuvo en Barcelona, en donde estudió la cábala y se dedicó especialmente a profundizar en el *Sefer Yetzirah* y en el comentario de las obras de El'Azar de Worms. Ideó un método cabalístico que llevó a sus últimas consecuencias: la gematría, el notaricón y la temurá.

Aparte de los aspectos puramente técnicos de la manipulación de las letras hebreas, a Abraham Abulafia le atraían la ritualidad y la ascesis, con lo que enlazaba idealmente con las prácticas de los esenios. De este modo alcanzó niveles cada vez más avanzados de intuición mística, que lo llevaron a la convicción de que el hombre, utilizando estos importantes instrumentos (método cabalístico, ascesis, rito), podía llegar a niveles cada vez mayores de conocimiento del mundo, de la Creación, de Dios y de la Torá.

En 1279, en Grecia, escribió *El Libro del Justo* y más tarde viajó a Roma, en donde intentó en vano convertir al papa Nicolás III al hebraísmo. Casi coincidiendo con su llegada, el Papa murió, y Abraham Abulafia, después de un breve periodo de encarcelamiento, se marchó a Sicilia, en donde comenzó a comportarse como si fuera el Mesías. Sus adversarios, que no tenían la intención de dejarle desempeñar este papel, lo expulsaron de Sicilia, y Abraham Abulafia se refugió en una pequeña isla próxima a Malta, en donde, al parecer, residió hasta 1288. Su muerte se sitúa pasado el año 1291.

La importancia de Abulafia radica en la gran influencia que ejerció sobre sus discípulos, quienes difundieron los conocimientos cabalísticos aprendidos del maestro por toda Europa, sobre todo por España e Italia. Más tarde, varios humanistas entraron en contacto con la cábala gracias a la tradición de las enseñanzas de Abulafia, de sus alumnos y de sus sucesores.

En los escritos y enseñanzas de Abulafia se encuentran indicaciones sobre cómo alcanzar un nivel espiritual cada vez mayor a través de la comunión con Dios, obtenida mediante la ascesis y el conocimiento, y la utilización de sus nombres, que tienen el poder de llevar al éxtasis.

Resulta especialmente significativo su intento (repetido más adelante por Pico de la Mirandola) de unificar las distintas fes, para lograr una unidad espiritual superior, en la que hebraísmo y cristianismo pudieran convivir. Con este objetivo introdujo conceptos típicamente cristianos, como el de la Trinidad, aunque con matices diferentes.

Las obras más significativas de Abulafia son: *El Libro del Signo* (*Sefer ha-Ot*), *Discursos sobre la Belleza* (*Imre-Shefer*) y *El Libro del Justo* (*Sefer ha-Yashar*).

Rabí Yosef Gikatilla

Rabí Yosef Gikatilla nació en Castilla en el año 1248 y vivió en Segovia, en donde murió en 1325. Durante los años 1272-1274 siguió las enseñanzas de Abulafia y, después de una primera etapa en la que estuvo muy próximo a los posicionamientos de su maestro (en los que las obras de éxtasis y profecía desarrollan un importante papel), decidió emprender su propio camino. Al igual que Abulafia, Gikatilla aplicó las técnicas de manipulación de las letras y de los números. Su primera obra conocida, de 1274, lleva por título *Ginnat Egoz* (*Ginnat* ocupa el lugar de *gematría*, *notaricón* y *temurá*).

En la década de 1280 a 1290 Gikatilla conoció a rabí Moisés de León; ambos cabalistas ejercieron una enorme influencia en la obra del otro. Precisamente a partir de este periodo, las *sefirot* pasaron a ser un concepto significativo de la me-

Dibujo que reproduce la página inicial del *Sha'arei Orah (Portae Lucis)* de Gikatilla, en la traducción latina de Ricius (Augsburgo, 1516) (FS)

ditación de Gikatilla: en *Sha'arei Orah*, escrita antes de 1293, ya figuran descritas con detalle. La obra, que denota el conocimiento de algunas partes del *Zohar*, ha sido muy comentada en el transcurso de los siglos.

Rabí Gikatilla puede ser considerado el primer cabalista que intentó realizar una síntesis completa de toda la disciplina.

Rabí Moisés de León

Moisés nació en el año 1250, en León, y vivió en distintas ciudades, como Guadalajara, Valladolid y Ávila. Murió en 1305, en un viaje de regreso a casa.

Tenía amplios conocimientos sobre los autores clásicos de la literatura hebrea medieval, como Maimónides, Judah ha-Levi y Solomon Ibd-Gabirol, y también poseía una profunda comprensión de la literatura cabalística. Se remontaba a menudo a los orígenes de esta tradición; abordó tanto el *Libro de Enoc*, que tomó como base para hablar del cielo y del infierno (*Sefer ha-Sodot*, terminado en 1293), como la visión del carro de Ezequiel.

En sus textos se ocupó del destino del alma, tanto en este mundo como, sobre todo, en el otro, y trató temas como la muerte, la resurrección y la trasmigración de las almas. Su obra más importante es el *Midrash de Shimon bar Yohai*, más conocido como *Zohar*, uno de los textos más relevantes de todo el misticismo hebreo (véase el capítulo dedicado a las obras de la cábala).

Cuarto periodo

El centro hebreo de Safed

El cuarto periodo se inicia con un acontecimiento histórico de gran alcance para el pueblo hebreo: su expulsión de España en 1492. Aquel año centenares de miles de judíos tuvieron que abandonar el país y trasladarse a otros territorios. Esta dramática circunstancia imprimió una profunda marca en sus almas y exigió una explicación que diera sentido a tanto sufrimiento.

De sobrenombre *el León*, rabí I. Luria 'Ashkenazy (1534-1572) ofreció una respuesta a su pueblo. En su estudio de la cábala, descubrió la importancia religiosa y escatológica del pueblo hebreo, cuya misión es acelerar la Redención del hombre, después de la caída inicial, mediante su obra espiritual. Dicha obra tiene que repercutir necesariamente también en quienes no son hebreos, ayudándolos a espiritualizarse y acelerando el reajuste del equilibrio originario de la Creación. La enseñanza de rabí I. Luria 'Ashkenazy, transmitida por vía oral, fue recogida y difundida principalmente por su discípulo rabí Hayyim Vital (1543-1620) en la obra *Ets Hayyim*.

Este periodo se caracterizó por la formación de un nuevo centro cultural hebreo en Palestina: Safed. Con la conquista otomana de Palestina, etapa intermedia en dirección a Egipto y La Meca, en algunos centros de la región surgieron las premisas para un periodo de bienestar y desarrollo. Así pues, dos ciudades adquirieron una especial importancia: Jerusalén, ciudad santa también para los musulmanes, de la que se ocupó especialmente Solimán el Magnífico, y Safed, capital de la provincia del norte (de Acre a Tiberíades), caracterizada por una envidiable libertad religiosa.

Después de 1516, Safed, que pasó a manos de los turcos de religión sunita, menos fanáticos que los chiítas, adquirió un peso cada vez mayor en la industria de los tejidos (abundaban las oportunidades comerciales y mercantiles), lo cual, junto con una mayor libertad religiosa, atrajo a muchas familias hebreas huidas de España.

En el plazo de ochenta años, la población no autóctona de la ciudad creció desmesuradamente. En 1521 españoles y portugueses constituían aproximadamente un tercio de la población, y en 1570 eran ya una gran mayoría. De las tres sinagogas y una única *yeshibah* que había en 1521 se pasó a veintiuna sinagogas, dieciocho *yeshibot* y una escuela con más de cuatrocientos alumnos, sufragada por ricos judíos turcos, en 1602.[8]

---

8. En la introducción de S. Ouziel a *La Dulce Luz* de Moisés Cordovero (Verdier, 1997).

> ## LA VIDA MÍSTICA DE SAFED
> Después de la tragedia que supuso la expulsión de España, el mundo de la cábala vivió una verdadera revolución copernicana. En efecto, la cábala dejó de estar limitada a un número restringido de sabios, que la ponían en práctica para su propia salvación personal, y encontró multitudes de adeptos que intentaban encontrar en su estudio, juntamente con una serie de comportamientos ascéticos como el ayuno y la plegaria, el medio para hacer más rápida la salvación colectiva del pueblo de Israel con la llegada del Mesías.
> De este modo, alrededor de los grandes cabalistas se formaron varios círculos de estudiosos de la cábala que vivían retirados en la oración, en penitencia y en el ayuno (recuperando la antigua tradición de los esenios). Su objetivo era acelerar, con el valor espiritual de la propia Creación, el momento esperado.
> En cierto sentido, la expulsión de España puede ser interpretada como el justo castigo por la abjuración de muchos judíos, convertidos al cristianismo o a las ideas racionalistas que les llevaron al ateísmo.

Esta situación de transformación social no tardó en crear tensiones en la zona, especialmente entre los hebreos autóctonos, muy arabizados pero convencidos de haber conservado la pureza de las tradiciones, y los recién llegados, quienes se consideraba contaminados por las numerosas conversiones al cristianismo que tuvieron lugar en España.

La comunidad autóctona pronto quedó reducida a una minoría, como demuestra el hecho de que, unas décadas más tarde, existiera una sola sinagoga en la que se reunían aquellos que los recién llegados denominaban *musta 'arabim* («los que quieren parecer árabes»).

También se produjeron tensiones entre la rica clase mercantil y los sabios y rabinos: sobre los primeros recaía la mayor parte de los pagos al fisco, mientras que los segundos, a pesar de estar exentos de impuestos y vivir de la caridad de los fieles, deseaban controlar la vida de la ciudad basándose en sus prerrogativas religiosas.

La situación económica favorable, gracias a la industria textil, empezó a cambiar y, a finales del año 1570, los tejidos locales empezaron a ser sustituidos por mercancías inglesas, de mayor calidad.

En el siglo XVI en Safed vivían muchos personajes importantes, como Ya'aquov Berab (1475-1546), que llegó a la ciudad en 1535 y fue maestro de casi todos los sabios importantes de Safed, rabí Yossef Caro (1488-1575), rabí Yossef Metrani (1500-1580), rabí Solomon Alkabetz (1505-1584), rabí Moishe Alsheykh y rabí Yossef 'Ashkenazy, entre los pocos opositores declarados de una cábala demasiado esotérica.

Las personalidades más importantes fueron, sin duda, rabí Moisés Cordovero y rabí I. Luria 'Ashkenazy, cuyas enseñanzas, tal como se ha dicho anteriormente, fueron recogidas por rabí Hayyim Vital.

Rabí Yossef Caro

Yossef ben Efraim Caro ejemplifica cómo se puede reunir en una misma persona al profundo conocedor de ley, al iniciado y al místico inspirado. Conocido en todo el mundo hebreo por su obra haláquica, no desdeñó ni la tentativa de reintroducir la ordenación de los rabinos y de los jueces, a la que se oponían muchos de sus contemporáneos, ni la práctica mística, cabalística y visionaria. De hecho, creía que era visitado por una entidad celeste (un *Maggid*) que le dictaba los mensajes que más tarde presentó en la obra *Maggid Mesharim*.

Según algunos autores, Yossef Caro nació en España y, según otros, en Portugal, en el año 1488. En 1497 se marchó con su familia a Turquía, país en donde vivió treinta años, en distintas localidades. Recibió las enseñanzas de su padre, un gran conocedor del Talmud, y a su muerte prosiguió la formación con su tío; más tarde, a los treinta años, siguió al místico Solomon Molcho.

Elisha ben Gabriel Gallico, *Perus Shir ha-Shirim*, Venecia, Giovanni di Gora, 1587. La obra es un comentario del Cantar de los Cantares del cabalista Elisha Gallico, alumno de Yossef Caro; al parecer, fue escrita en Safed (BPH)

En 1536 viajó a Egipto y posteriormente a Safed, en donde dos años más tarde fue ordenado rabino por Jacob Berab, que intentó recuperar el rito de la ordenación.

Rabí Caro desempeñó pronto un papel destacado en la comunidad hebrea de la ciudad. Fundó una escuela a la que acudieron muchos estudiantes, trabajó como jefe del Consejo Comunal de Safed y se dedicó a una intensa actividad de estudio y escritura de oraciones.

Caro es conocido sobre todo por dos obras haláquicas: el impresionante comentario *Beit Yosef*, en el que invirtió veinte años de trabajo, y una versión reducida del mismo, que se convirtió en un clásico de la educación rabínica, el *Shulkhan Arukh*. Partiendo de numerosas fuentes, la primera de estas dos obras sigue la evolución de la interpretación de muchas leyes, que son analizadas hasta el mínimo detalle y completadas, en muchos casos, con una conclusión personal de Caro. Por su parte, el *Shulkhan Arukh* presenta solamente los resultados finales de ese trabajo omitiendo los innumerables pasajes que aparecen en el *Beit Yosef*.

Otro texto importante de Caro es el *Kesef Mishnah*, un comentario de la obra *Mish Torah* de Maimónides.

Rabí Yossef Caro murió en el año 1575.

SHULKHAN ARUKH

La obra *Shulkhan Arukh* de rabí Caro se ha convertido en la base sobre la cual todavía hoy los rabinos discuten las cuestiones legales. El éxito de este texto se debe al hecho de que no sólo expone la visión de una parte de la tradición, la sefardita, a la que pertenecía Caro, sino también la asquenazí, gracias a los añadidos y comentarios del rabino polaco Moisés Isserles, conocido con el sobrenombre de *Rama*.

La obra está dividida en cuatro partes: leyes relativas a la plegaria y a los días de fiesta; leyes diversas, en particular las referidas a la caridad; leyes relacionadas con el matrimonio y el divorcio, y derecho civil hebreo.

Joseph Telushkin, en *Jewish Literacy* (1991), narra una pequeña historia, que toma del folclore popular y hace referencia al *Shulkhan Arukh*: en el examen para ser rabino, a la pregunta de cuáles eran los cinco libros del *Shulkhan Arukh*, el candidato replicó que eran cuatro y no cinco, como había dicho el examinador, y este último respondió inmediatamente: «El quinto libro se titula "buen sentido", ya que sin él todas las demás disposiciones no sirven para nada, por más que sepas de memoria el contenido de los otros cuatro volúmenes».

MOISÉS CORDOVERO

Nacido probablemente en España en el año 1522, Cordovero afirmaba haber llegado a Safed en 1542. Allí se dedicó a estudiar la cábala bajo la guía de rabí Solomon Alkabetz, a quien, según la tradición, no tardó en superar en conocimientos y doctrina.

Estudioso del Talmud y de la *Halakha*, y jurista, siguió las enseñanzas de Yossef Caro y ejerció en el tribunal rabínico de Safed. Enseñó la *Halakha* en una *yeshibah* situada dentro de una sinagoga portuguesa de Safed y la cábala en otra *yeshibah*. Hasta su muerte, en 1570, tuvo como alumno, durante un corto periodo de tiempo, a rabí I. Luria 'Ashkenazy. Según algunos expertos, en las enseñanzas de Cordovero es posible llegar a identificar algunos temas considerados tradicionalmente luriánicos.

Entre las numerosas obras de Cordovero, algunas de las cuales todavía no se han publicado, cabe recordar: *Pardès Rimonim*, sobre la cábala; *'Or Nèerab (La Dulce Luz)*, una defensa de la cábala; *'Elimah Rabati*, sobre la Emanación; un comentario al *Zohar*, y un *Tratado de moral*. En el capítulo de este libro dedicado a las obras de la cábala se incluye un resumen de parte de *La Dulce Luz*.

Isaiah ben Abraham Halevi Horowitz, *Shenei luchot ha-Berit*, Ámsterdam, Immanuel Athias, 1698. Isaiah Horowitz (¿1565?-1630) se instaló en 1621 en Palestina, en donde recibió la influencia de Cordovero, Caro y Luria (BPH)

I. Luria 'Ashkenazy

I. Luria 'Ashkenazy, conocido también como Yits'hak Ashkenazy, marcó un hito importante en la evolución de los conceptos cabalísticos, y no es casualidad que se considere que existe una línea divisoria entre la cábala de los autores que le precedieron y la cábala elaborada por el gran cabalista apodado *el León* (*HaAri*, que viene de las primeras letras hebreas de «Divino Rabbi Yits'hak»).

Nació en 1534, en Jerusalén, de padres de origen alemán. Después de morir su padre, fue acogido por su tío materno. Estudió en Egipto, bajo la guía de rabí David Ben Solomon Ibn Abi Zimra y Bezalel Ashkenazy, se especializó en literatura rabínica y profundizó en el conocimiento de la ley.

A partir de los quince años, Luria se dedicó intensivamente a estudiar la cábala, concretamente el *Zohar*. Después de analizar los textos de los primeros cabalistas, se dedicó de pleno a la obra de Cordovero, a quien conoció en 1569 en Safed, tras haber tenido una visión en la que el profeta Elías lo invitaba a ir hacia la tierra de Israel.

Después de la muerte de Cordovero, en 1570, Luria formó un círculo de discípulos a los cuales enseñó la cábala teórica y técnica para comunicarse con los sabios difuntos. Hay quien sostiene que creyó ser el Mesías. Murió en el año 1572, durante una epidemia que devastó Safed. Dado que sus enseñanzas fueron sobre todo orales, no existen obras escritas de Luria, cuya doctrina fue transmitida por sus discípulos, como Hayyim Vital.

La revolución de Luria se basa en la introducción de conceptos nuevos, si bien algunos ya aparecen en autores anteriores, que transforman la visión cabalística del universo: *Tsimtsum*, *Sheviera* y *Tikkun* (véase el capítulo «Los conceptos fundamentales de la cábala»).

Hayyim Vital

Hayyim Vital es considerado uno de los mayores cabalistas y estudiosos de la tradición hebrea.

A causa de las numerosas leyendas que surgieron en torno a su figura, es difícil obtener información documentada sobre su vida; leyenda y realidad a veces se entremezclan, en parte por los numerosos viajes a múltiples destinos que realizó.

Nació en Safed en 1543 y murió en Damasco en 1620. A los catorce años fue confiado a Yossef Caro, que valoró su inteligencia y sus capacidades; Moshe Alshech se encargó de su educación, y el cabalista Lapidot Ashkenazi también ejerció una gran influencia en Hayyim Vital.

Su infancia y juventud transcurrieron acompañadas de visiones que le convencieron de la necesidad de dedicarse a estudiar la cábala. En una de estas visiones se le apareció el profeta Elías, que le auguró un destino de gran cabalista, así como el hecho de que elaboraría un comentario del *Zohar*.

Además de estudiar la cábala, Hayyim Vital se dedicó a la alquimia, hasta que durante aproximadamente dos años se convirtió en alumno de Luria, al cual sucedió como maestro tras su muerte prematura.

A pesar de la breve duración del aprendizaje junto a Luria, las enseñanzas del maestro dejaron una huella imborrable en Hayyim Vital, que las recogió y les dio forma escrita.

Cuenta una leyenda que durante el periodo en que una enfermedad obligó a Hayyim Vital a guardar cama, su hermano menor vendió a un precio muy alto el cofre que contenía sus escritos, que luego fueron copiados y publicados en la obra *Etz Hayyim*, una condensación de las enseñanzas de Luria y defensa de la nueva cábala iniciada por el maestro.

Durante los años 1578 a 1584, Hayyim Vital estuvo en Siria, Egipto y Jerusalén, en donde se convirtió en rabino por intervención de Moshe Alshech y enseñó los principios de la cábala.

Unos años después, continuó la enseñanza de la cábala en Damasco, lugar donde debió afrontar la oposición de Jakob Abulafia, que era contrario a su obra de maestro.

Deseoso de regresar a Safed, Hayyim Vital murió en Damasco mientras se preparaba para el viaje. Su obra principal, *Etz Hayyim*, fue presentada por él mismo como una recopilación de las enseñanzas de Luria y no como una obra fruto de su ingenio. Otras obras destacables de Hayyim Vital son *Libro sobre el ritual*, *Fiestas* y *Bendiciones*.

Quinto periodo

En el quinto y último periodo adquieren gran importancia la obra espiritual y las enseñanzas de rabí Ysrael Ba'al Shem Tov (1700-1760), conocido sobre todo por medio de la obra de su alumno rabí Yaakov Yossef HaKohen, autor de *Enseñanzas de Yaakov Yossef*. Se trata de textos importantes que se proponen ayudar al 'Hassid a transformarse en un verdadero servidor de Dios, actividad que, sin embargo, no debe realizarse desde la constricción y la tristeza, sino, por el contrario, desde la felicidad y la delicia, santificando cada una de las acciones. En la oración, el 'Hassid utiliza continuamente el libro de los Salmos, con el que puede dialogar con Dios acerca de todos los aspectos de la existencia. El nivel máximo de experiencia mística está representado por la *devekut* (unión, en los límites de lo posible, del hombre con Dios). En este periodo destacan otros personajes importantes, algunos de vida dramática, como Shabbetai Zevi, y otros místicamente elevados, como Mosé Hayyim Luzzato.

Ba'al Shem Tov (Israel ben Eliezer)

En el inicio de lo que se denomina quinto periodo tuvo lugar una profunda revolución espiritual, debido a la fuerte influencia de una persona muy distinta de las que hemos visto hasta ahora. Acostumbrados a conocer autores de orígenes variados, pero siempre profundamente arraigados en la doctrina de la tradición, ahora nos encontramos ante un hombre que tuvo la capacidad de revisar profundamente las tradiciones mística y cabalística, modificándolas y llevándolas a un nivel diferente de evolución espiritual.

El artífice de esta increíble revolución fue Ba'al Shem Tov. El mismo nombre ya debería proporcionarnos indicaciones útiles sobre su persona: el *Ba'al Shem*, por lo menos en ese periodo, era un personaje, en general de procedencia popular, a medio camino entre el curandero y el experto en hierbas medicinales. Antiguamente este término había tenido otros significados, ya que se aplicaba a quien poseía el conocimiento secreto del *Tetragrammaton* y de los nombres sagrados.

Las noticias que tenemos sobre Ba'al Shem Tov son muchas veces legendarias; con frecuencia en este nombre confluyen narraciones y episodios de otros personajes similares.

Ba'al Shem Tov nació hacia el año 1700 en el seno de una familia pobre, pero pía y recta, en una localidad sin precisar en la frontera entre Polonia y Valaquia, y murió en 1760 en la localidad de Miedzyboz. Huérfano a muy temprana edad, le gustaba pasar buena parte de su tiempo en medio de la naturaleza. Después de haber sido ayudante en muchas comunidades (el ayudante se ocupaba, por ejemplo, de los niños y pasaba mucho tiempo con ellos), a los dieciocho años contrajo su primer matrimonio. Al quedarse viudo reanudó sus peregrinaciones y trabajó como ayudante, maestro y juez en las controversias surgidas entre varios miembros de la comunidad. A causa quizá de esta última actividad, el acaudalado Efraim de Kuty, que admiraba sus aptitudes, prometió al joven la mano de su hija Ana. Desgraciadamente el mecenas murió y Ba'al Shem Tov tuvo muchos problemas para casarse con Ana, porque el hermano de esta intentó por todos los medios impedir la unión. Finalmente se casaron e iniciaron una vida feliz pero llena de dificultades. Después de haber dirigido una taberna comprada al hermano de su esposa, hacia 1740 empezó su actividad como predicador y maestro en la localidad de Miedzyboz, no sin encontrar la oposición de los talmudistas tradicionalistas.

> ## La visión del mundo de Ba'al Shem Tov
> Ba'al Shem Tov introdujo en la cábala, y en el misticismo hebreo en general, una visión panteísta del mundo. El mundo no es, como sostenían muchos cabalistas del pasado, una emanación a través de diferentes niveles de la Divinidad, sino una manifestación de la propia Divinidad.
> Esta aproximación, aparentemente tan terrenal, al hebraísmo tradicional, esconde altos niveles de misticismo y una gran fuerza productiva: si el universo es una manifestación de la Divinidad, no puede ser algo negativo, sino, todo lo contrario, positivo. Esto derrumba ciertos prejuicios de Luria sobre el mundo físico, que ya no es visto como algo negativo que debe ser superado para alcanzar una dimensión espiritual mayor, sino como algo en donde buscar y vivir la belleza que se deriva de ser manifestación de Dios. En esta dimensión, el mal sólo existe en el modo de acercarse el hombre al mundo: no es pecado reconocer la belleza de una mujer, reflejo de la belleza del Creador; la actitud equivocada es la del hombre, que en esta belleza sólo acierta a ver un objeto de deseo. Esta nota positiva del panteísmo de Ba'al Shem Tov, tan lejana de muchos maestros de la cábala del pasado, encontró una fuerte oposición, pero tuvo una gran aceptación entre las masas.

Shabbetai Zevi

Shabbetai Zevi fue un personaje muy controvertido y de carácter aparentemente esquizoide. Nació en Esmirna, en Turquía, en el año 1626. Estudió en profundidad el Talmud y la cábala, y demostró ser un estudiante atento y preparado. Paralelamente tuvo sus propias visiones de carácter místico, que le llevaron a una vida errante, en la que se alternaban momentos de especulación mística con otros más serios dedicados a la enseñanza de la tradición cabalística.

Después de haber visitado muchas ciudades, entre otras Salónica, de la que fue expulsado, llegó a Palestina y se instaló en Jerusalén. Allí conoció a otro profeta visionario, Nathan de Gaza, y de este encuentro obtuvo el convencimiento de ser el Mesías.

Sus capacidades personales y el intenso deseo de ver cumplida la profecía sobre la llegada del Mesías, compartida por muchas comunidades hebreas, le hicieron desempeñar este papel hasta el final, o casi. En efecto, cuando fue llevado ante el sultán, en 1666, y fue obligado a elegir entre la apostasía y el martirio en nombre de la fe, optó por la primera y se convirtió al islamismo. La noticia de su conversión se propagó rápidamente y sembró la desesperación entre muchos de sus seguidores; otros, por el contrario, intentaron vencer la perplejidad buscando un posible significado iniciático a este comportamiento. Sin embargo, el sentimiento de rabia acabó imponiéndose y se borró el recuerdo de Zevi, con la consiguiente destrucción de muchos documentos que le concernían y de libros que trataban sobre su función mesiánica.

Mosé Hayyim Luzzatto

En la primera mitad del siglo XVIII se produjo una profunda crisis en el seno del movimiento cabalista, porque, después de la experiencia dramática de Shabbetai Zevi, el mundo hebreo ortodoxo había dado la espalda a las experiencias místicas ajenas a la tradición aceptada.

Rabí Mosé Hayyim Luzzatto, una de las personas más cultas y preparadas del hebraísmo italiano, también sufrió esta actitud. Nació en 1707 en Padua y realizó estudios clásicos que abarcaron lo religioso y lo profano. Fue un gran estudioso de la Biblia, del Talmud y de la tradición haláquica.

A los veinte años entró a formar parte de un grupo de cabalistas que tenía por objetivo acelerar el *Tikkun* (véase el capítulo «Los conceptos fundamentales de la cábala»); a esta experiencia comunitaria de gran importancia está ligada buena parte de su fama.

A partir de 1727, después de un intenso periodo de estudios místicos, empezó a oír la voz de un mensajero, proveniente de la otra dimensión, que le aclaró los grandes misterios de la existencia y de la cábala. Cuando Luzzatto entraba en trance se convertía en instrumento del mensajero, en el sentido de que por su boca salían palabras de la entidad que se comunicaba con él. Los personajes que se le presentaron fueron varios: unas veces un mensajero del Altísimo, otras el propio Elías o también Metratron, el príncipe de los ángeles. Luzzatto trasladaba a los miembros de su grupo, convertidos en auténticos secuaces, a pesar de su corta edad, los mensajes recibidos, y algunos de ellos transcribieron lo que les comunicaba.

Luzzatto compuso varias obras importantes, algunas de las cuales representan e ilustran la cábala de Luria o tratan temas éticos. Su marcado mesianismo y las visiones son dos aspectos fundamentales del pensamiento de Luzzatto que suscitaron inmediatamente la sospecha del rabino de Venecia, que intentó intervenir y poner fin a su predicación.

No debemos olvidar que Luzzatto era un joven de menos de cuarenta años y, sobre todo, no estaba casado, lo cual no estaba bien visto por el pensamiento hebreo de aquellos años. Además, después de las dramáticas experiencias relacionadas con el mesianismo desviado de Shabbetai Zevi, se intentaba poner límites sólidos a la especulación cabalística. Para poder continuar sus estudios, Luzzato, después de contraer matrimonio en 1731, se trasladó a Ámsterdam, una de las ciudades europeas en donde había mayor libertad de pensamiento. En 1743 se marchó de la ciudad holandesa y se dirigió con su familia a Palestina, en donde murió en el año 1746, junto con sus familiares, en una epidemia de peste.

Luzzatto es un ejemplo relevante de las tendencias mesiánicas de este quinto periodo. Tanto él como los miembros de su grupo estaban convencidos de que había llegado la hora y de que se debía actuar de inmediato para acelerar la Redención.

Por su preparación y por su experiencia mística, Hayyim Luzzato es uno de los cabalistas más importantes de la primera mitad del siglo XVIII.

Edad contemporánea

La meditación hebrea sobre mística y teología en general está representada por muchos autores importantes, como Abraham Joshua Heschel, Franz Rosenzweig y Emmanuel Levinas.

Entre los pensadores modernos más próximos a la tradición cabalística cabe recordar a Martin Buber, que supo encarnar el espíritu de los *Hassidim*, y a Gershom Scholem, que estudió y explicó la cábala utilizando el método histórico-crítico.

Abraham Joshua Heschel

Abraham Joshua Heschel nació en Varsovia en 1907. Descendía, por parte de padre, de Dov Baer, sucesor de Ba'al Shem, y, por parte de madre, de rabí Levi Isaac de Berdichev, ambos importantes representantes del jasidismo.

Estudió filosofía en Berlín y en 1933 defendió una tesis en la que aparecía por primera vez su visión personal sobre el profetismo, entendido como una forma de «co-sufrimiento» con Dios.

Después de haber sido deportado a Polonia, emigró a Estados Unidos y enseñó filosofía en el Colegio de la Unión Hebrea de Cincinnati y ética y mística hebrea en el Seminario Teológico Judío de Nueva York, ciudad en donde murió en el año 1972.

Sus obras principales son: *Los profetas* (1933), el texto de su tesis, editado posteriormente en 1962, *El hombre no está solo: una filosofía de la religión* (1951), *El sabbat: su significado para el hombre de hoy* (1951) y *Dios en busca del hombre: una filosofía del judaísmo* (1956).

Su obra más especializada ha sido publicada en hebreo: *Torah min ha-shammajim* (La Torah viene del cielo), en tres volúmenes. Los conceptos básicos de esta obra están expuestos en el primer capítulo, en el apartado «La *Shekhinah* y el descenso de Dios al Sinaí».

Martin Buber

Martin Buber, filósofo, intelectual, pedagogo y literato, nació en Viena en 1878. Descendiente de una antigua familia de eruditos, su padre, Simon Buber, se había dedicado a la literatura midráshica. Martín Buber estudió en varias universidades: Viena, Zúrich, Leipzig y Berlín. Desde joven se interesó por temas sociales. En 1901 trabajó en la revista sionista *Die Welt* (El Mundo). Su visión del sionismo contrasta con la de Hertz'l, más impregnada por la acción política. Por eso Buber decidió alejarse de esta actividad y empezó a interesarse por el jasidismo (véase Ba'al Shem Tov). Después de abandonar un proyecto de traducción de algunos textos jasídicos escritos por Rahman de Bratislava, decidió narrarlos con sus propias palabras; la obra, que tuvo un gran éxito, se titula *Cuentos jasídicos*.

Martin Buber (FS)

Durante la primera guerra mundial Buber participó en la Comisión Nacional Judía, que trabajaba a favor de los judíos de la Europa del Este. Entre 1924 y 1933 fue profesor en la Universidad de Fráncfort del Meno. Cuando los nazis llegaron al poder, dirigió la Oficina Central para la Educación de los Hebreos Adultos. Posteriormente, en 1938, se trasladó a Palestina, en donde enseñó filosofía social en la Universidad Hebrea de Jerusalén.

Un hecho destacado y de gran interés fue que se convirtió en el jefe del movimiento político Ihud, cuyo programa contemplaba la creación de un estado binacional en el cual árabes y judíos puedieran convivir en una relación de colaboración.

A través de sus numerosas obras, Buber acrecentó el valor cultural del sionismo. Entre ellas cabe destacar: *Sobre el judaísmo* (1923), *Yo y tú* (1923), *El problema del hombre* (1943), *Moisés* (1945), *Entre el hombre y el hombre* (1947), *La fe profética* (1950), *Imágenes del bien y del mal* (1952) y *El conocimiento del hombre* (1966).

Buber, que estuvo muy influenciado por el jasidismo, quiso transmitir un mensaje de respeto por el prójimo, de colaboración y de amor. Según Buber, no debemos quedarnos en una relación «entre yo y el otro» (relación de separación, aunque sea útil para conocer), sino que debemos preferir la relación «entre yo y tú» (el verdadero diálogo y el respeto recíproco), yendo incluso más allá para establecer la relación con Dios, a través de las experiencias de la vida cotidiana.

Gershom Gerhard Scholem

Gershom Gerhard Scholem nació en 1897 en Berlín y fue el menor de los cuatro hijos del impresor Artur Scholem. Contrariamente a la voluntad de su padre, un ferviente asimilacionista, se interesó desde muy joven por el hebraísmo; estudió hebreo por su propia cuenta y recibió las primeras nociones del Talmud de manos de un rabino.

En 1915 fue expulsado de la escuela superior por sus ideas contrarias a la mentalidad bélica filogermánica durante la primera guerra mundial. Se afilió a grupos sionistas y preparó por libre los exámenes de ciclo superior.

Se trasladó a Berlín para estudiar en la universidad matemáticas, hebreo y filosofía, y subsistió traduciendo textos en hebreo y yiddish. Después de un breve periodo en el ejército, viajó a Berna, en donde estudió sobre todo el Talmud y la cábala. En 1919 volvió a Alemania y escribió la tesis de doctorado en semitismo en la Universidad de Múnich.

Gershom Scholem (FS)

Hacia el año 1923 emigró a Israel y ocupó la plaza de responsable del Departamento de Hebreo y Judaísmo en la Biblioteca Nacional. Fue profesor de mística hebrea en la Universidad Hebrea de Jerusalén desde 1933 hasta 1965 y, posteriormente, presidente de la Academia Israelita de las Ciencias (1968-1974). Murió en Jerusalén en 1982.

El nombre de Scholem está relacionado sobre todo con obras sobre misticismo hebreo: *Las principales tendencias del misticismo judío* (1961), *Misticismo judío en la Edad Media* (1964), *Sobre la cábala y su simbolismo* (1965), *Gnosticismo judío, misticismo de la Merkavah y tradición talmúdica* (1965), *La idea mesiánica en el judaísmo y otros ensayos sobre la espiritualidad judía* (1971), *La cábala* (1974), *Sobre la idea mística de la Divinidad* (1976), *Sobre los hebreos y judaísmo en crisis* (1976). Además de estas obras, Scholem publicó muchos otros ensayos, traducciones (el *Bahir*), colaboraciones en revistas y compilaciones bibliográficas.

La importancia de Scholem radica en la aplicación del método científico y en su planteamiento académico, que han servido para hacer comprensible la cábala a la comunidad de investigadores y hombres de cultura que no han experimentado la enseñanza tradicional cabalística, la que se imparte de maestro a discípulo según una línea muy precisa de transmisión.

LOS CONCEPTOS FUNDAMENTALES DE LA CÁBALA

A continuación presentamos algunos conceptos fundamentales del pensamiento cabalístico, que deben ser tenidos en cuenta cuando se aborda un texto de esta temática. Hay que destacar que muchos de estos conceptos no tienen una única interpretación y que, por lo tanto, pueden variar según la época y el autor.

Se ha procurado dar a cada concepto el sentido más generalmente aceptado por la tradición cabalística, y no considerar las diferentes interpretaciones, a veces con un planteamiento marcadamente neoplatónico, gnóstico o panteísta, de los autores de otras tradiciones, como la cristiana o la de los esoteristas occidentales modernos.

Los términos presentados se interpretan a menudo a partir de las obras de Gershom Scholem, uno de los autores que mejor han captado sus significados y desarrollo a través del tiempo.

La historia de la cábala, en relación con la aparición de sus conceptos fundamentales, se puede dividir en dos grandes periodos: el primero va desde los orígenes hasta la Escuela de Gerona y el *Zohar*, e incluye la simbología primitiva y la aparición de la teoría de las *sefirot*, y el segundo empieza con Luria y su sistema innovador, y llega hasta la actualidad.

EIN-SOF (SIN FIN)

El concepto de *Ein-Sof* es uno de los más complejos, entre otros motivos porque ha variado a lo largo de la historia del pensamiento cabalístico. El término indica algo infinito (sin fin). Inicialmente se refería solamente a Dios en tanto que ser secreto, misterioso, no revelado y, por lo tanto, irreconocible para la mente humana.

Posteriormente, en una interpretación de la cábala de tipo más popular, el *Ein-Sof* se ha asimilado a uno de los nombres de Dios.

Uno de los problemas más difíciles de afrontar es precisamente el de la incognoscibilidad de Dios. Él nos resulta comprensible sólo en relación con su doble revelación: la Creación, por una parte, y la Revelación (Biblia), por otra. Por este motivo, algunos autores prefieren no tratar (o hacerlo sólo de paso) el concepto de *Ein-Sof*; para otros, en cambio, se convierte en uno de los puntos de máximo interés.

CONSIDERACIONES SOBRE EL *EIN-SOF*

Se ha dicho que el *Ein-Sof* constituye uno de los conceptos más importantes de la tradición cabalística. Es, al mismo tiempo, muy simple y muy complejo. Sin Fin. Algo infinito, no limitable, absoluto. Pero, en este caso, nos encontraríamos ante la imposibilidad para la Creación de tener un espacio propio. Si todo está comprendido en el Sin Fin, ¿cómo es posible que algo tenga una existencia individual? Una de dos: o la individualidad no existe (como ocurre en el pensamiento de Extremo Oriente, en donde la realidad concebida como mundo individual no es más que ilusión, Maya), o la individualidad existe y, como tal, tiene que estar en contraposición con lo que es Sin Fin, presente en todas partes. De este pensamiento surgen infinitas posibilidades interpretativas: la realidad descansa en el seno de un Ser infinito, es alimentada por este, vivificada, y nada existe si no está animado por el espíritu vital del Ser, al mismo tiempo trascendente e inmanente; trascendente, porque en su íntima esencia está más allá de su Creación, e inmanente, porque la Creación, aun siendo un simple efecto de la potencia creadora divina, depende hasta tal punto de ella que no puede subsistir sin una conexión continúa con ella.

En nuestra cultura hay un dicho que reza: «Ni la hoja de un árbol se mueve si Dios no lo quiere», un concepto muy próximo al del islam *In sha'Allah* («Si Dios quiere»). Según el islamismo, cada cosa que está viva lo está sólo porque Dios la hace subsistir, ya que no podría ni insinuar el más mínimo movimiento sin la intervención de la voluntad divina.

Llegados a este punto, si la individualidad debe tener un espacio propio en este mundo, es necesario que la Divinidad se aparte para conceder a la criatura el espacio vital indispensable para su crecimiento. Dios tiene que retirarse del mundo, si esto es posible, para dejar un espacio de libertad a la criatura, en donde esta pueda elegir su posicionamiento como individuo. Es un concepto similar al de *Tsimtsum* (Contracción), que tiene otra profundidad filosófica y adquiere una particular importancia sobre todo a partir de Luria.

Si consideramos que la cábala, tal como hemos visto en el capítulo dedicado a su historia y evolución, ha recibido fuertes influencias filosóficas de distintos tipos (especialmente del neoplatonismo), no deberá causarnos sorpresa la importancia que adquiere el concepto de Emanación.

Como ya hemos tenido ocasión de señalar en otros apartados, la Emanación a la que nos referimos no es tanto la neoplatónica o gnóstica, que parte de un centro de energía espiritual (el Padre para los gnósticos) y se extiende hacia el espacio que le rodea transformándose luego en materia, sino que, en la mayor parte de los casos, se trata de una forma de Emanación interna a la persona misma de Dios. El movimiento tiene lugar en el interior de la Divinidad que lo contiene todo. Así se crean gradaciones dinámicas dentro de sí misma que asumen aspectos diversos: la voluntad divina, que para algunos habría coexistido desde el inicio con el *Ein-Sof*, es la primera Emanación del *Ein-Sof* en forma de voluntad infinita de crear y de manifestarse.

En cualquier caso, entre los cabalistas estaba abierta la cuestión de si, efectivamente, este dinamismo de la Divinidad estaba orientado hacia el interior de la propia Divinidad, si era un redireccionamiento hacia sí misma, o bien hacia el exterior, aceptando así una visión más neoplatónica de la Emanación. Según algunos, esta primera Emanación corresponde a la primera *sefirah*, aunque es difícil separar, en el proceso de Emanación, esta de las otras *sefirot*.

Especialmente en España y en Safed este proceso será visto como una Emanación desde dentro hacia el exterior, en donde lo que se llama *Ein-Sof* en el interior se convierte en *Keter* (la primera *sefirah*) en el exterior. Sea como fuere, la voluntad divina adquiere la importancia de ser el verdadero motor de la Creación y es considerada, sobre todo en los primeros textos cabalísticos, como la primera Emanación del Ser Preexistente (pese a no ser idéntica a Dios, esta «coincide en todas partes con la sustancia del portador»).

Emanación

El concepto de Emanación puede llevar a engaño. En efecto, no se trata del principio de Emanación de los neoplatónicos, aunque el pensamiento de algunos autores podría sugerirlo (véase, por ejemplo, la obra de Ibn Gabirol, que nació en el año 1021 y murió en el 1058), sino de un proceso dinámico interior del propio Dios.

El proceso de Emanación, tratado por numerosos autores grecorromanos, así como en muchos textos de la tradición gnóstica o caldea antigua, es un proceso en el cual la energía originaria emanada por la Divinidad rompe la barrera entre dimensión divina y dimensión física para transmitirse a nuestro mundo. Los *Oráculos caldeos*, obra de los primeros siglos de nuestra era, se refieren a menudo, en varios fragmentos, a este fenómeno: la energía espiritual se aleja del Padre emanante y se irradia a todo su alrededor; al menguar su luminosidad se forma la materia, que es energía espiritual congelada.

La Emanación de los cabalistas, por el contrario, es el despliegue dinámico de acciones internas a las modalidades divinas (las *sefirot*), que sólo encuentran un punto de contacto con el hombre en la *sefirah* más próxima al mundo físico (*Malkut*). No se trata, pues, de una Emanación procedente directamente del interior de Dios y dirigida hacia su exterior, hacia el mundo creado, sino que está mediada por la estructura de las *sefirot*, que la preparan para ser transmitida a la estructura secreta y espiritual del cosmos, a través de un filtro importante, la Torá, compuesta por las veintidós letras con las que la Divinidad, junto con las *sefirot*, creó el mundo.

El problema del paso de una dimensión a otra se trata de un modo particular en los comentarios a uno de los textos fundamentales de la cábala, el *Sefer Ha-Bahir*, en donde no queda claro si la primera *sefirah*, *Keter*, es Dios mismo o bien una entidad separada de él.

Una *Keter* divina, en el sentido de que participa de la esencia divina, no necesitaría un nombre específico ni ser considerada como algo en sí; una *Keter* no divina, que no participa de la esencia divina, crea el problema del paso de Dios (el Uno) al mundo creado (el Múltiple).

Pensamiento

Para algunos autores, entre ellos Isaac el Ciego, el lugar de la voluntad lo ocupa el pensamiento, algo que no ha sido emanado y que pone en funcionamiento el propio proceso de la Emanación.

La Creación, pues, no sería un acto de voluntad, sino un acto del intelecto.

Como sostiene Gershom Scholem, seguidamente el puro pensamiento retrocede a una posición de dependencia respecto a la voluntad y se convierte en la sabiduría divina, que contempla el plano de la Creación.

Ayin (nada)

Cuando se hace referencia a la Creación desde la Nada (*ex nihilo*), aceptada por la fe en las tradiciones judía y cristiana, no se debe pensar que, desde el punto de vista esotérico, esta Nada sea, según la interpretación antigua, la materia primera informe a partir de la cual se forma el universo.

El concepto de Nada, en el ámbito cabalista, es mucho más sutil: si los movimientos de la Divinidad en ella misma son desconocidos por el pensamiento humano, podemos decir que la Creación surgió de uno de estos movimientos internos, que son desconocidos para nosotros.

La Nada no sería, pues, una dimensión de ausencia de existencia, sino una dimensión a la que la inteligencia humana no puede acceder.

Tsimtsum (retirarse), concepto luriánico

Tsimtsum es un concepto introducido por Luria que significa «retirarse, contraerse». Indica la retirada de la luz de Dios para que en la tiniebla formada pudiera tener lugar la Creación. En la práctica, antes del proceso de Emanación, acontece una Contracción, necesaria para crear la materia que debe ser modelada. Esta Contracción habría permitido formar la primera *sefirah*: Keter.

Tal como se ha dicho anteriormente, no se trata de un concepto totalmente nuevo, pero para Luria se convierte en el momento de fundación de todo el universo: el principio de todas las cosas no debe buscarse en la Emanación, sino en un acto de Contracción, de ocultación. El sentido de esta teoría radica en la convicción de que la Divinidad es infinita, y en cuanto tal no puede crear nada diferente de sí misma. Por lo tanto, debe contraerse para dejar un espacio en donde pueda existir algo que no sea el *Ein-Sof*. No se trata de un espacio de grandes dimensiones; Scholem afirma que, en comparación con el tamaño del *Ein-Sof*, se trata sólo de un punto, pero de un punto que encierra todas las dimensiones de la existencia de todo lo que no es *Ein-Sof*.[9]

¿Y de qué modo se ha llegado a la Creación? Hasta que Dios no tomó la decisión de crear, todas sus fuerzas estaban presentes en él de manera indistinta, pero en el momento en que quiso crear, una de estas fuerzas, *Din* (el Juicio), fue recogida en un punto, privado de la Misericordia. El poder del Juicio estaba mezclado con los restos de la luz del *Ein-Sof*, que habían quedado después del proceso de Contracción *(Tsimtsum)*, formando un compuesto llamado *Reshimu*. Al compuesto desciende la primera letra del tetragrama de Dios, la yod ('), que está caracterizada por el poder de formar y organizar. De este modo nos hallamos ante una doble intervención de Dios: por una parte, tenemos lo que queda de su luz después de la Contracción, que proporciona la estructura modelable, y, por otra, la intervención desde lo alto, desde la esencia misma de la Divinidad, mediante el envío de la yod.

La materia divina restante fue recogida en dos tipos de «vasos» *(Kelim)*: el originario, llamado «Aire Primordial», todavía indistinto, y el «Hombre Primordial» *(Adam Kadmon)*, que empieza a tomar forma diferenciada y clara.

Esta interpretación del pensamiento de Luria, sostenida por Scholem, es bastante diferente de la que presenta Hayyim Vital en sus obras, la más conocida y considerada válida hasta no hace demasiado tiempo. Sin embargo, en ambos casos nos encontramos ante un proceso dinámico de la Divinidad, a través del cual se origina una especie de movimiento respiratorio (contracción y expansión) que recuerda una serie de nuevos *Tsimtsum*.

Aunque siempre ha despertado mucho interés, la teoría del *Tsimtsum* ha sido interpretada de diferentes maneras según los autores y, sobre todo a partir del siglo XVII, ha habido divergencias en cuanto al significado que se debe dar a este concepto: ¿se trata de una narración simbólica o de un relato que hay que tomar al pie de la letra?

SHEVIRAH (ROTURA DE LOS VASOS), CONCEPTO LURIÁNICO

Con la Emanación, después del *Tsimtsum*, se difundió la luz divina, que fue recogida en los vasos. Esta luz, tanto la que hay en el *Tehiru* (el Espacio Primordial), como la emanada directamente de la Divinidad, tiene como objetivo la eliminación de las fuerzas de *Din*, y lo hace de dos modos: eliminándolas totalmente o purificándolas, con una consiguiente y lenta transformación.

Para proseguir su camino, la Emanación necesita una diferenciación de los vasos que permita la instauración de un proceso dinámico de autorregulación de los

---

9. G. Scholem, *La Cabala*, Mediterranee, Roma, 1992.

propios vasos. Estos se crean gracias a las diferentes características de las Luces Emanadas, que, chocando una con otra, cristalizan en cada uno de los contenedores.[10] El rayo luminoso proveniente de la Divinidad actúa según dos modalidades dinámicas: el círculo y la línea. El círculo responde a la forma originaria del *Tsimtsum*, mientras que la línea actúa yendo hacia delante y hacia atrás, y está originada directamente por el *Ein-sof*.

La luz divina que fluye en los contenedores en cierto punto se derrama: las tres *sefirot* superiores logran contenerla, las *sefirot* inferiores no aguantan la carga y se desmenuzan una tras otra, y la *sefirah* de más abajo, M*alkut*, se resquebraja, pero no se rompe.

Una parte de la luz que ha sido derramada vuelve hacia su origen, mientras que otra parte cae junto con los restos de los vasos. El resultado de este acontecimiento catastrófico es el descenso de los mundos originarios: todo es desplazado hacia abajo, una parte de la luz caída junto con los fragmentos rotos se convierte en la materia que nosotros conocemos y los fragmentos crean las llamadas *Kelippot*, formas oscuras, raíces del mal.

No está claro el motivo por el cual se rompe este sistema primordial. Unos afirman que es la consecuencia de un desequilibrio inherente al sistema; según otros, la estructura originaria no era capaz de aguantar las luces emitidas. Por su parte, Luria tiende a ver en este fenómeno una acción catártica, necesaria para purificar las características de *Din* y de los deshechos que había, para restablecer un nuevo flujo luminoso en todo el sistema.

Adam Kadmon (Hombre Primordial), concepto luriánico

La Emanación, después del *Tsimtsum*, adopta como primera forma la del Hombre Primordial *(Adam Kadmon)*, un reino en sí, misterioso, en donde la mente humana no puede entrar.

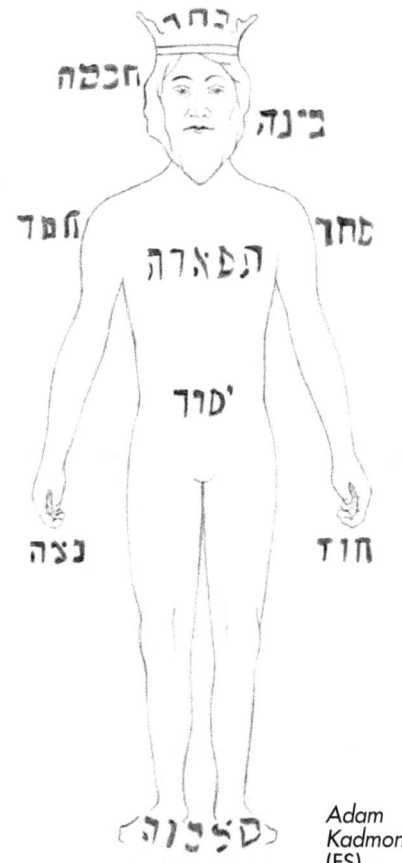

Adam Kadmon (FS)

10. G. Scholem, *op. cit.*

En esta dimensión, según las dos modalidades dinámicas mencionadas (el círculo y la línea), toman forma las diez *sefirot*, al principio como diez círculos concéntricos, circundados a su vez por el *Ein-Sof*, que permanece en contacto con el círculo más externo, *Keter*. Es la etapa llamada *Nefesh* del *Adam Kadmon*.

A continuación, las diez *sefirot* se disponen en línea sobre la forma de un hombre, en sus brazos y piernas (en un plano siempre espiritual, no antropomórfico). Esta etapa recibe el nombre de *ruakh* (espíritu). La función del *Adam Kadmon* es situarse entre el *Ein-Sof* y los mundos posibles. Desde la parte superior del *Adam Kadmon* (la cabeza) irradian luces que adquieren distintas formas, luminosas y también lingüísticas. Así, por ejemplo, se transforman en letras, vocales, palabras, que son características de todas las agrupaciones de luces. Se trata de luces emitidas desde el centro de la frente del *Adam Kadmon* (en donde se coloca la filacteria de la frente), mientras que orejas, nariz y boca emiten luces indivisas (sus *sefirot* están todavía fusionadas).

El proceso continúa a través de otros puntos de emisión y las luces que se emiten de este modo reciben contenedores en donde empiezan a operar.

TIKKUN (REINTEGRACIÓN), CONCEPTO LURIÁNICO

Hemos visto que con la rotura de los vasos (*Shevirah*) se ha creado un estado distinto al que la Divinidad había previsto al principio. Por lo tanto, es necesario remediar este defecto originario, mediante la luz que sale de la frente del *Adam Kadmon*, para restablecer el orden, después del desorden que sigue a la rotura de los vasos. Las tres primeras *sefirot*, como ya hemos dicho, resistieron y, por lo tanto, son capaces de contribuir a la formación de mundos estables y equilibrados.

Se forman unas estructuras nuevas, llamadas *Partzufim* (caras), manifestadas en el *Adam Kadmon*, en el lugar de las anteriores *sefirot* (en parte se ligan con lo que queda de estas).

Se crea un complicado sistema en donde el *Ein-sof* se manifiesta a través de los *Partzufim* y los daños de la *Shevirah* se resuelven casi totalmente mediante procesos internos que se desarrollan continuamente en los *Partzufim* de los distintos mundos.

Lo importante es que no todo viene dado por el equilibrio originario: en efecto, corresponde al hombre intervenir activamente y contribuir al cumplimiento del proceso. El hombre pío y religioso, santificándose y santificando el mundo, podrá completar el *Tikkun*, término que en este punto se identifica con Redención. Tal como subraya Gershom Scholem, es fácil distinguir en esta cosmogonía un fuerte componente gnóstico, concretamente en el concepto de drama cósmico dentro de la Divinidad, que comporta una caída que requiere, a su vez, una restauración del estado originario, a la que también contribuye el hombre. Véase también, sobre este tema, el apartado dedicado al gnosticismo en el primer capítulo.

Adán

El primer hombre es visto como un ser de características excepcionales, que tenía la misión de reintegrar los destellos de luz divina presentes en las *Kelippot*. Reunía en sí mismo a todos los hombres, y habría tenido que actuar espiritualmente, mediante la contemplación y la meditación, para separar la dimensión de santidad de la oscura del mal, reconstituyendo así el vínculo originario entre Dios y la Creación.

Caída

La caída del hombre (el pecado original) no está descrita de igual modo en las diferentes corrientes cabalísticas. Según algunos, el pecado cometido por Adán consistió en la separación de una *sefirah* (*Malkut*) de las otras. De este modo, Adán habría impedido el restablecimiento de la unidad entre Creador y criatura.

Otros pecados que aparecen en el Antiguo Testamento son de naturaleza similar y tienen que ver también con la separación de una *sefirah*: la embriaguez de Noé, la Torre de Babel o la fusión del ternero de oro, que anulan, tal como escribe Scholem, «todo lo que había sido realizado en el gran *Tikkun* ocurrido durante la teofanía del Monte Sinaí». El resultado de estos pecados fue el exilio de la *Shekhinah* (véase el primer capítulo).

Sefirot

Estructura de las *sefirot* (FS)

Son los diez vasos creados por Dios para contener su potencia espiritual creadora: la energía divina, resplandeciente, desciende desde lo alto por canales que la conducen hasta el mundo. En el descenso dicha potencia atenúa su propia luminosidad para que el mundo pueda acogerla pasando de lo inmaterial a lo material. El hombre no podría afrontar la luminosidad cegadora de Dios. El propio Moisés sólo pudo ver la gloria de Dios en una grieta de la roca, protegido por la mano de Dios, y no fue hasta después de que su Gloria hubiera pasado por delante que pudo vislumbrar la parte final. Ver a Dios de cara le habría comportado la muerte.

La última *sefirah* (*Malkut*, «Soberanía») está conectada con el hombre, y a través de ella, espiritualizándose, este puede ponerse en contacto con la Presencia de Dios, la *Shekhinah*, y remontar por las otras *sefirot* hasta comunicar la primera *sefirah*

(*Keter*, «Corona») con la última, restableciendo así la unidad.

Una vez llegado a la primera *sefirah*, el hombre espiritual entra en el nivel máximo de contacto con lo Divino y es asociado al Creador en su obra de ordenación del cosmos.

Durante mucho tiempo se ha afirmado que el proceso de Emanación

ESQUEMA DE LAS SEFIROT		
	Keter	
Binah		Hokmah
Gevurah		Gedullah
	Tiferet	
Hod	Yesod	Netsah
	Malkut	

de las *sefirot* no era más que una traducción en términos cabalísticos del proceso de Emanación de los neoplatónicos. Sin embargo, la diferencia es sustancial, tal como hemos destacado en otras ocasiones: la Emanación de los neoplatónicos es un fenómeno que procede de la Divinidad, pero que tiene lugar externamente a esta, mientras que la Emanación de las *sefirot* tiene lugar en el interior de Dios y constituye una fase intermedia (aunque no compuesta de entidades personales) entre Dios y la Creación.

Las *sefirot* también pueden ser entendidas como varios estadios de la Emanación procedentes del *Ein-Sof* (Dios, Aquel fuera del cual nada existe) y, al mismo tiempo, como atributos, nombres característicos de Dios. También son la raíz de todas las cosas creadas, porque hacen las veces de intermediarias entre Aquel que emana y las cosas que existen separadas de Él, permitiendo pasar de la unidad a la multiplicidad. Las *sefirot* forman el árbol de la Emanación, desde la raíz, situada arriba, hasta las ramificaciones de abajo, según el orden que figura en el esquema.

GERSHOM SCHOLEM Y LAS *SEFIROT*

Es muy interesante el modo en que Gershom Scholem presenta las *sefirot* y sus características según la visión del *Zohar* en una obra breve, pero de gran importancia: *Die Geheimnisse der Schoepfung. Ein Kapitel aus dem kabbalistischem Buche Sohar* (1971). En la introducción, Scholem habla de las *sefirot* como potencias originarias que, en cada nivel, resultan más claras para el hombre. En realidad, constituyen una unidad, pero la mente del hombre las percibe dife-

Diagrama del mundo, compuesto por la letra inicial de cada *sefirah*. Moisés Cordovero, Pardes Rimonim (FS)

renciadas, articuladas de distintos modos y como imágenes simbólicas. Las *sefirot* forman al Hombre Primordial y constituyen el despliegue del nombre santo de Dios (YHWH), que se transforma en sus elementos espirituales (las letras).

Gracias a las *sefirot* y a las letras fue posible la creación del mundo inferior (véase el *Sefer Yetzirah*), razón por la cual existe una correspondencia simbólica entre estas y el mundo. Cada cosa por separado es un signo.

Las *sefirot* tienen los siguientes nombres:

- *Keter elyon* (Corona Suprema);
- *Hokmah* (Sabiduría)
- *Binah* (Inteligencia);
- *Hesed* (Amor, Gracia) o *Gedullah* (Grandeza);
- *Din* (Juicio) o *Gevurah* (Potencia);
- *Tif'eret* (Belleza);
- *Netsah* (Victoria);
- *Hod* (Majestad);
- *Yesod* (Fundamento)
- *Malkut* (Reino).

Según Scholem, las tres primeras *sefirot* son secretas y no tienen correspondencia con los siete días de la Creación, mientras que las restantes están asociadas a la semana secreta de la Creación.

La primera *sefirah* representa la salida del infinito de Dios y lleva el nombre de *Ehyeh* (Seré). Es la luz más profunda que rodea todo.

La segunda *sefirah* está representada por el punto originario, surgido de esta luz profunda. Es la formación en la voluntad divina de la intención de crear: se llama sabiduría porque contiene lo que ocurrirá a continuación. Corresponde al punto de la letra yod del tetragrama, mientras que el gancho de la misma letra representa la Nada. También se denomina Padre del todo.

La tercera *sefirah* constituye el Palacio, principio femenino (madre de los mundos), dentro del cual es sembrado el Punto Originario (la segunda *sefirah*). Tiene forma de hache hebrea (ה), parecida a una casa, y corresponde a la segunda letra del tetragrama. Es el nombre de Dios *Elohim*, que se entiende como objeto de un sujeto escondido: Al principio (Él) creó *Elohim* (en lugar de «En principio Dios creó...»).

Después de esta etapa, nos encontramos ante un segundo despliegue de las potencias divinas: las tres *sefirot* siguientes, entendidas como unidad de acción, corresponden de alguna manera a los días de la Creación, pero a un nivel diferente. Scholem subraya que estas *sefirot* tienen muchos puntos en común con los eones de los gnósticos (véase el apartado dedicado al gnosticismo, en el primer capítulo).

A estas *sefirot* se les llama la Derecha (Potencia del Amor), la Izquierda (Potencia del Juicio) y la Columna central (Potencia de la Misericordia). Se asocian con tres patriarcas (Abraham, Isaac y Jacob) y tres nombres de Dios (*El, Elohim* y *YHWH*).

La cuarta *sefirah* está relacionada con el primer día de la Creación.

La quinta *sefirah* está relacionada con el segundo día de la Creación.

La potencia del Juicio se desarrolla de una manera excesiva y lleva al mal primordial, que, después de haberse roto el equilibrio entre las *sefirot*, se hace autónomo.

La sexta *sefirah*, denominada cielo, es el tronco del árbol del mundo y el tronco del cuerpo de Jacob. Se le llama lo masculino o el sol. Según Scholem, en este nivel se empieza a oír una voz secreta, que mana del pensamiento originario: es todavía inarticulada y correspondería a la Torá escrita, que posee múltiples significados y necesita una explicación (que proporciona la Torá oral). Dado que la letra *waw* tiene el valor numérico de seis, esta *sefirah* se identifica con la *w* del nombre inefable de Dios (YHWH).

Estas *sefirot* constituyen una unidad importante cuyo eje es la *sefirah* Columna Central.

Las tres últimas *sefirot* tienen una importancia desigual: las dos primeras (los flancos del Hombre Primordial) son menos relevantes en la especulación cabalística, que se concentra en la última.

La séptima *sefirah*, llamada *Nesah* (cadera izquierda de Jacob), está representada por Moisés.

La octava *sefirah*, denominada *Hod* y representada por Aarón, sería el manantial de la profecía.

La novena *sefirah* constituye el fundamento de los mundos: tiene una función de contención de la Fuerza Generadora, es su sede, es la bóveda de la Creación. Así se expresa Scholem al respecto: «Como nombre de Dios diferenciado, este lugar se llama YHWH *Sheva'ot*, ya que de esta región de la vida surgen las formas puras y los escuadrones de los seres angelicales. Pero también se llama *Sheva'ot* (en arameo la palabra para "escuadrón" y "fuerzas" es la misma), también considerado en sí mismo, porque en él se reúne el conjunto de las fuerzas creadoras de Dios».[11]

La décima *sefirah* permanece separada del lugar que se ha tratado antes: representa a Dios como *Shekhinah* (presencia, inhabitación).

En ella revierten las otras potencias, que se unen, se preparan para la Creación propiamente dicha. La *Shekhinah* tiene

Moisés y los hebreos, Guiard des Moulins, *Bible Historiale*, París, finales del siglo XIII (BNF/G)

---

11. G. Scholem, *I segreti della creazione*, Adelphi, Milán, 2003.

un valor eminentemente pasivo: todo lo que tiene lo ha recibido, está asociada a la polaridad negativa del universo, es decir, a la luna, la noche, la tierra, lo femenino. Representa el Reino de Dios en la dimensión inferior y, al mismo tiempo, la puerta de entrada para la dimensión superior, la divina.

LOS NOMBRES DE DIOS Y LAS SEFIROT*		
	EHYEH	
YHWH / ELOHIM		YAH
ELOHIM		ELOAH
	YHWH	
ELOHIM SHEVA'OT		YHWH SHEVA'OT
	EL HAY	
	ADONAY	

* A partir de una ilustración de la obra de Johannes Stephanus Rittangelius *Sefet Yetzirah, id est Liber Jezirah qui Abrahamo patriarchae adscribitur*, Ámsterdam, 1642 (conservada en la Bibliotheca Philosophica Hermetica de Ámsterdam)

Cábala: lenguaje y número

La interpretación cabalística del lenguaje, basada en algunas características de la lengua hebrea, como la de tener una correspondencia entre letras y números (las letras se utilizan también para indicar números, como ocurre en otras lenguas como, por ejemplo, el griego antiguo), ve en la tradición escrita de los textos bíblicos la intervención directa de Dios, que, en cierto sentido, se manifiesta en ella, de la misma manera que se manifiesta en la Creación. Esto significa que el lenguaje, al contener algún elemento divino, permite ir más allá del simple significado e intuir, o incluso entender, otros significados secretos y misteriosos de todo el cosmos.

La Revelación, con su cosmogonía, sienta las causas y los fundamentos de lo descrito en el idioma divino. En el fondo, cualquier cosa puede ser traducida en letras, que, a su vez, pueden ser convertidas en números. Así, el Universo se presenta materializado en números y en las relaciones establecidas entre estos.

La investigación puede desarrollarse según dos modalidades, que constituyen las dos caras de la misma moneda: la científica tradicional y la del estudio de la Torá (el Pentateuco). Por este motivo, se puede afirmar que para los cabalistas las letras del alfabeto hebreo eran como los ladrillos fundamentales de todo el Universo y que las operaciones realizadas con estos conllevarían consecuencias en el mundo de la materia, además de en el del espíritu.

La potencia de estos efectos, tanto en el plano físico como en el psicológico y espiritual, es tal, que la tradición cabalística establece claras limitaciones para acceder a la disciplina, en función de las características psíquicas, morales y de edad de la persona que pretende estudiar la cábala.

Conviene recordar de nuevo que el número que aquí tomamos en consideración no es el número cuantitativo propio de las ciencias exactas, tal como se deja bien claro en las obras de los esoteristas modernos. Uno de los más conocidos es Papus (sobrenombre de G. Encause), que trató el tema en su obra *La ciencia de los números*. En referencia a la cábala, este autor subraya que en ella «la formación del alfabeto y la producción de los números están asimiladas a la creación del mundo. En virtud de la ley de analogía y de la correspondencia existente en los diferentes planos del universo, los cabalistas fueron inducidos a considerar la forma, el número y el valor de las letras, no ya como alegorías, sino como fuerzas reales».

Desde épocas inmemoriales, el número ha suscitado en todas las civilizaciones un respeto casi religioso, por tratarse de algo que tiende a escapar y, al mismo tiempo, por resultar tan bien conocido por la vía intuitiva como elemento de relación entre las cosas. Efectivamente, no es tanto el número entendido como unidad de numeración lo que ha creado enormes expectativas en el imaginario de la humanidad, sino más bien su valor cualitativo y el concepto de relación. Sólo hay que pensar que son precisamente la interacción y la relación las que constituyen el esqueleto de la interpretación mágica del Universo. Nos encontramos quizás ante el secreto primordial de la interpretación de todas las cosas, y el número, en cuanto tal, adquiere un significado determinante sobre todo cuando es tratado desde este punto de vista esotérico.

El significado del alfabeto hebreo

Un alfabeto lleno de misterios

El alfabeto originario de la lengua hebrea, llamado *ketab 'ibri*, de clara derivación fenicia, se usó hasta el siglo I d. de C., cuando fue sustituido por la denominada escritura cuadrada (*ketab merubba'*), que se desarrolló a partir de la escritura aramea difundida en todo el Imperio persa en el siglo III a. de C.

La forma originaria, no obstante, no se perdió, y se conservó el idioma escrito de los samaritanos. La escritura cuadrada es también la que actualmente solemos encontrar en los textos bíblicos impresos, mientras que una de sus variantes, la rabínica, es la típica de los primeros siglos de la era cristiana.

El alfabeto hebreo consta de veintidós consonantes (mas tarde, veintitrés), de las cuales cinco tienen una segunda forma en posición final vocalizada; desde una época determinada, este alfabeto se caracteriza por tener un sofisticado sistema vocálico que se utiliza para la elaboración de textos bíblicos.

Las características fundamentales del complicado alfabeto hebreo son:

- algunas consonantes pueden pronunciarse de dos maneras según su posición, por ejemplo como oclusivas o fricativas;
- una única consonante hebrea originaria puede tener dos sonidos diferentes;
- algunas consonantes, típicamente semíticas (véanse, por ejemplo, las correspondientes consonantes árabes), se definen como «enfáticas» y tienen una pronunciación originaria particular;
- las guturales, que en unos casos prefieren el sonido «a» y, en otros, el sonido «e», comportan algunas modificaciones del vocalismo de las palabras;
- existen semiconsonantes que pueden actuar, en algunos casos, como indicativas de sonidos vocálicos particulares.

La característica que más sorprende a quien no conoce las lenguas semíticas (o aquellas con las que comparten algunos rasgos, como el egipcio antiguo) es, sin duda, la ausencia de vocales en los textos originales.

Los estudios llevados a cabo por Jean de la Foye, autor de la obra *Ondas de vida, ondas de muerte*, sobre las emisiones de ondas de forma de las letras hebreas son importantes para entender los efectos que ejercen las letras y los vocablos hebreos en el medio que les rodea y en el hombre.

Hemos examinado con radiestesia las letras del alfabeto y hemos observado que, desde álef hasta taw, tenemos una sucesión regular de revoluciones negativas (hacia la izquierda) y positivas (hacia la derecha). Cabe destacar que la presencia de la letra shin, que inicialmente se pronunciaba como «sin» o «shin», exige que se añada una segunda letra para conservar la sucesión ordenada de giros negativos y positivos. En un segundo periodo la letra fue duplicada, y se introdujeron los primeros signos diacríticos para distinguir una letra de la otra. De este modo se restableció la alternancia armónica de giros negativos y positivos.

Varios vocablos indican la presencia de interacciones de ondas de forma, que también pueden mover la polaridad de cada letra por separado. Algunas de las palabras que tienen un marcado efecto de las ondas de forma son *Espíritu* (*Ruah*) y las cuatro letras, el tetragrama, del nombre hebreo de Dios (*YHWH*).

Cabe subrayar un aspecto importante: cada letra hebrea tiene un significado propio, que se transfiere a las palabras que se forman con ella, especialmente cuando constituye la inicial de la palabra, porque esta, de algún modo, se encuentra «regida» por el significado intrínseco de la inicial.

PRONUNCIACIÓN Y CORRESPONDENCIAS NUMÉRICAS DEL ALFABETO HEBREO

SÍMBOLO	NOMBRE Y PRONUNCIACIÓN	NÚMERO
א	álef ('a)	1
ב	bet (b)	2
ג	gímel (g gutural o γ, gamma)	3
ד	dálet (d o d̲)	4
ה	he (h ligeramente aspirada)	5
ו	waw (vav en hebreo moderno). Semivocal/semiconsonante: u/w	6
ז	zayn (zeta suave)	7
ח	het (j aspirada como en alemán Ach o en escocés Loch)	8
ט	tet (t)	9
י	yod (semivocal/semiconsonante), i breve después de vocal	10
ך/כ	(final/inicial) kaf (c gutural/j aspirada como jet)	500/20
ל	lámed (l)	30
ם/מ	(final/inicial) mem (m)	600/40
ן/נ	(final/inicial) nun (n)	700/50
ס	sámek (s sorda)	60
ע	'ayn (sonido típicamente semítico: hoy se lee como álef)	70
ף/פ	(final/inicial) pe (p o f, según la posición)	800/80
ץ/צ	(final/inicial) tsade (actualmente pronunciada como z sorda)	900/90
ק	qof (hoy pronunciada como k)	100
ר	resh (r)	200
שׁ/שׂ	shin (sh con punto en la derecha, s con punto en la izquierda)	300
ת	taw (o tav, pronunciación moderna), t	400

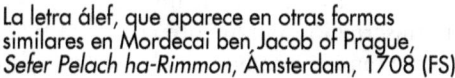

La letra álef, que aparece en otras formas similares en Mordecai ben Jacob of Prague, *Sefer Pelach ha-Rimmon*, Ámsterdam, 1708 (FS)

Métodos de exégesis de la Biblia

La gematría

La gematría es una técnica antiquísima, conocida desde tiempos de los babilonios, que se basa en el valor alfanumérico de las letras, una característica de muchas lenguas antiguas. Dado que cada letra tiene un valor alfabético y uno numérico, se puede pasar del uno al otro y encontrar semejanzas entre las palabras.

La gematría puede ser de varios tipos: de rango, clásica y cuadrada. La gematría de rango hace referencia al lugar que ocupan las letras/números en el alfabeto; álef 1, bet 2, gímel 3 y así sucesivamente. La gematría clásica respeta este orden hasta el número 10 y a partir de ahí asigna a las letras los siguientes valores en decenas: 20, 30, etc. (véase la tabla de pronunciación y correspondencias numéricas). La gematría cuadrada respeta los valores de base de la gematría clásica, pero los eleva al cuadrado: bet (de valor 2) vale 4, gímel (de valor 3) vale 9. El sistema utilizado es el de las identidades numéricas: dos palabras diferentes, pero con el mismo valor numérico, pueden ser consideradas similares y equivalentes, si el significado lo rige.

Historia de números fascinantes

Probablemente la gematría fue introducida en Israel en la época del Segundo Templo. Los primeros testimonios de su utilización son las obras de los *tannaim* de los primeros siglos de nuestra era. La gematría tuvo poca importancia en la *Halakhah*, por lo menos hasta los *Hasidei Ashkenaz*, pero encontró una gran utilización en el *Midrash* y fue usada por autores importantes como Mosé Ha-Darshan, Joseph Bekhor Shor o Isaac ben Judah ha-Levi.

Las obras de El'Azar da Worms merecen un lugar prioritario, puesto que utilizan extensivamente el método, en concreto por el uso de las *ghematriot* (plural de *gematría*) en la meditación sobre las palabras de las oraciones, que adquieren así una función casi de mantra.

Otros autores que utilizaron la gematría fueron Jacon ben HaKohen y Abraham Abulafia.

El notaricón

El notaricón es otro método de exégesis de la Biblia que se basa en la transformación de versículos enteros, o de parte de estos, en acrónimos, usando, por ejemplo, las iniciales de una serie de palabras: el nombre del libro del *Zohar* (en la transcripción puramente consonántica típica del idioma hebreo, ZHR) puede leerse también como *Zeh Ha-Reshit* («Esto es el inicio...»).

La temurá

La temurá se basa en la permutación, de acuerdo con ciertas reglas, de las letras de una palabra, con lo que se pasa de un término a otro, que se considera correlativo al primero. El sistema utilizado se denomina *atbash* y consiste en hacer corresponder, por ejemplo, la primera letra del alfabeto, álef, con la última, taw; la segunda, bet, con la penúltima, shin, y así sucesivamente. El procedimiento también puede realizarse al revés: la última letra se hace corresponder con la primera, y así sucesivamente.

En las Escrituras hay ejemplos interesantes de ello, lo cual demuestra que estas técnicas de permutación son muy antiguas. En Jeremías 25, 26 encontramos: «El rey de *Sheshakh* beberá después de ellos» *(w-melek sheshak yishteh akharèhem)* y en Jeremías 51, 41: «Como fue tomada *Sheshak*» *(Ekl nilkdah sheshak)*; el término *Sheshak (SHSHK)* es una permutación de *BBL* (Bavel, Babel), en donde a shin, penúltima letra del alfabeto, le corresponde bet repetida dos veces y a kaf (décimo primera letra desde álef) corresponde lámed (décimo primera desde taw).

Las letras hebreas a la luz del *Alfa-Beta* de rabí Akiva

La obra conocida como *Alfa-beta* de rabí Akiva, un *Midrash* del siglo IX que contiene también parte del *Libro hebreo de Enoc*, analiza letra por letra el alfabeto hebreo y proporciona numerosas aclaraciones a la luz de la tradición y de los pasajes bíblicos. La obra, aparentemente sin cuerpo y en algunas partes incluso incoherente, sigue una lógica interna propia, que es la de la referencia a cada letra del texto y del contexto.

A continuación, reproducimos un breve fragmento inicial relativo a la formación de acrósticos. Además, remitimos al lector al capítulo dedicado a las grandes obras de la cábala, en donde, en el apartado sobre el *Sefer HaBahir*, se traducen varios fragmentos de este texto relativos a las letras hebreas, a sus significados y a sus valores.

Del alfabeto de rabí Akiva

«Dijo rabí Akiva: álef. ¿Qué es álef? Significa que la Torá dijo: *Emet lamad Pika*, "Verdad ha aprendido tu boca", para que puedas merecer la vida en este mundo. *Pika lamad emet*, "tu boca ha aprendido la Verdad", para que puedas merecer la vida en el mundo que está por venir».

Veamos cómo la letra álef se descompone en las tres letras que componen su pronunciación: ALP(H), que pueden ser interpretadas como *Emet* (escrito con 'A inicial) *Lamad Pika* (ALP), «Verdad ha aprendido tu boca», pero, dado que es posible también leer el texto al revés, *Pika Lamad Emet*, PLA (pronunciado e, escrito 'A), tenemos dos resultados distintos de la acción cumplida; en el primer caso, se merece la vida en este mundo y en el segundo, en el mundo futuro.

Valor numérico de las letras hebreas

He aquí un tema muy interesante, aunque también difícil de interpretar, a la luz de la ciencia moderna, es decir, la experimentación práctica del poder que pueden ejercer las letras hebreas y sus efectos físicos, así como los efectos de los números que se corresponden a cada una.

Sabemos que nos encontramos ante una cuestión delicada. ¿Hasta qué punto es oportuno revelar estos aspectos, tan celosamente guardados por cada tradición? Respondamos con otra pregunta: ¿sería quizá menos peligroso no hacer que las personas tengan conciencia de esta dimensión, tan importante para la evolución de cada ser humano?

Lo que explicaremos a continuación puede ser experimentado por quienquiera que desee poner en práctica estas enseñanzas. Que lo haga, pero siempre con conocimiento de causa, sin motivos egoístas, sin banalizar nunca los instrumentos propuestos.

> **LA POTENCIA DE LOS NOMBRES DE DIOS**
> Como se afirma en varios apartados (véase, por ejemplo, Cornelio Agrippa), los nombres de Dios son canales energéticos que transmiten energías positivas, que aportan bienestar, salud y reequilibrio psicofísico, igual que ocurre con algunos símbolos hebreos importantes, como el escudo de David (*Maghen David*, denominado sello de Salomón).

> **VIBRAR CON LAS ENERGÍAS SUTILES**
> Una forma eficaz de valorar los efectos de las energías sutiles es combinar las técnicas de la radiestesia y la quinesiología.
> Gracias a la capacidad del ser humano de actuar como una antena receptora y emisora, la radiestesia permite verificar las modificaciones del estado energético de un lugar o de una persona.
> La quinesiología, por su parte, permite comprobar si todo lo registrado encuentra una respuesta práctica en la reacción muscular del organismo que se halla en el centro de la modificación energética. Así, por ejemplo, si comprobamos con un péndulo o un biotensor que una persona sometida a radiación electromagnética (originada, por ejemplo, por un teléfono móvil) se ha debilitado y se encuentra en un estado de desequilibrio energético, un test quinesiológico de resistencia muscular puede contribuir a confirmar lo que previamente se había registrado por vía radiestésica. En caso de debilitación, el músculo sometido al test tenderá a no oponer resistencia; si, por el contrario, no se ha debilitado, el músculo presentará una acusada resistencia. De este modo, utilizando dos técnicas diferentes y a ser posible aplicadas por dos experimentadores independientes (ninguno de los dos debe saber los resultados obtenidos por el otro), tenemos la posibilidad de obtener datos más verídicos sobre la presencia de efectos negativos causados por el campo electromagnético.

EL TETRAGRAMA, NOMBRE INEFABLE DE DIOS

El nombre de Dios, compuesto por cuatro letras, es, sin duda, el canal de mayor potencia: considerando sus capacidades energéticas, se entiende el motivo por el cual algunos cabalistas aconsejan meditar sobre él durante largo tiempo para recibir sus efectos beneficiosos, en términos de salud física y, sobre todo, espiritual.

La capacidad protectora del tetragrama es notable. Lo negativo se apaga frente a él, las incoherencias del cosmos se disuelven de forma inmediata, el alma humana se inclina y se retrae, reconociendo la potencia absoluta del nombre de Dios.

Después de haber conocido su fuerza increíble, pocos son los que se permiten leerlo con su probable, aunque no cierta, pronunciación: YHWH sería *Jahvè* o, quizá, *Jahweh*. Ningún hebreo, por lo menos hoy en día, intentaría pronunciar el nombre inefable. Y no sólo porque después del fin del Templo la pronunciación del nombre de Dios se haya perdido, sino también porque, por respeto, no debe ser pronunciado (recordemos el mandamiento «No utilizarás el nombre de Dios en vano»).

El nombre de Dios debe ser sustituido por *Adonai* (Señor) o por *Elohim* (Dios). Por esta razón, no pediremos que se realicen estos experimentos escribiendo el nombre de Dios en un papel, sino utilizando el equivalente numérico de las letras del tetragrama: YHWH = 10 5 6 5.

Escribiremos este número para utilizarlo en los experimentos de radiestesia y quinesiología y obtendremos así una neutralización inmediata y potente de la negatividad hallada previamente. También se puede emplear el número que resulta de sumar los números arriba indicados (26).

TETRAGRAMA Y MEDITACIÓN

A continuación, reproducimos un fragmento significativo de un estudioso contemporáneo de la cábala, Daniel C. Matt, acerca de la observación de las letras del nombre inefable de Dios.

«Recuerda continuamente a Dios y el amor de Dios. Haz que tu pensamiento no esté separado de Dios. Declaro, tanto a los individuos como a la multitud: si quieres conocer el secreto de cómo ligar tu alma en lo alto y unir tu pensamiento a Dios, de modo que mediante esta contemplación continua te llegue incesantemente el mundo que vendrá, y de modo que Dios esté siempre contigo, en esta vida y en la próxima, pon ante los ojos de la mente las letras del nombre de Dios, como si estuvieran escritas en un libro de caracteres hebreos. Visualiza cada letra que se extiende al infinito. Lo que quiero decir es esto: cuando visualices las letras, concéntrate en ellas con los ojos de la mente, mientras contemplas lo infinito. Las dos cosas juntas: fijar y meditar».*

יהוה

* D. C. Matt, *L'essenza della Cabala*, Newton & Compton, Roma, 1999 (ed. esp.: *Cábala esencial*, Robinbook, Teià, 1997).

Antecedentes literarios antiguos

En este capítulo presentamos una selección de textos realizada con el objetivo de familiarizar al lector con temas, conceptos y estilos importantes para la comprensión de los textos cabalísticos.

De hecho, sería difícil abordar el contenido del capítulo siguiente sin un conocimiento previo de aquello que para los cabalistas era el pan de cada día de su formación cultural y simbólica.

Son pocos textos, pero significativos, que se pierden en el mar sin límites del conjunto de la literatura religiosa, histórica, jurídica y poética del mundo hebreo que precedió a la cábala.

En primer lugar, presentamos los primeros versículos del libro del Génesis, que son los que se comentan con más frecuencia en la tradición cabalística (véase al respecto, más adelante, el texto sobre las dos primeras palabras, B^{e}reshit [Al principio], del *Sifré Torah* del *Zohar*).

El libro de Ezequiel tiene una importancia fundamental para toda la mística de la *Merkavah*, porque presenta la visión del carro divino que tuvo Ezequiel, en el río Chebar, a principios del siglo VI a. de C. La descripción pormenorizada de dicha visión y el lenguaje utilizado se deben tener presentes cuando se leen obras que hacen referencia a esta visión y a las de otros autores antiguos.

El libro de Daniel es muy rico en referencias simbólicas: muchas representaciones de épocas posteriores tienen su origen precisamente en los sueños interpretados por el profeta.

El *Libro de Enoc*, considerado durante mucho tiempo como inspirado por Dios, también contiene páginas importantes en las que se concentra la atención de los cabalistas. Una de ellas presenta una bellísima descripción de la Gloria del Señor. Recordemos que el *Libro de Enoc* es considerado un texto inspirado por las Iglesias ortodoxas de Etiopía y Eritrea.

La *Regla de la comunidad de los esenios* es una obra importante, en primer lugar, por el lenguaje que utiliza (véase la temática de los hijos de la luz y los hijos de las tinieblas) y, en segundo lugar, porque es el único documento antiguo completo que ha llegado a nuestras manos que trata sobre la organización de un grupo de hombres píos que viven apartados de los demás, dedicados a las obras de la ley e intensamente influenciados por las visiones místicas y escatológicas de la literatura apocalíptica; casi un círculo de cabalistas *ante litteram*, aparte del aspecto político que caracterizaba su vida comunitaria.

El *Libro de Enoc* y la *Regla de la comunidad de los esenios* se incluyen más propiamente en el judaísmo precristiano, que también encuentra su expresión en otras obras, como el *Libro de los Jubileos* y los *Testamentos de los Doce Patriarcas*.

Génesis

A continuación, reproducimos los primeros versículos del Génesis, que tienen una importancia fundamental para el pensamiento cabalístico. La meditación constante sobre ellos da pie a páginas bellísimas del *Zohar*. Reproducimos el breve texto para quien quiera seguir desde más cerca el comentario del *Zohar* sobre B^e*reshit* que resumimos en el capítulo dedicado a las obras de la cábala.

«Al principio Dios creó los cielos y la tierra. La tierra era una extensión informe, y la oscuridad cubría el abismo; el espíritu de Dios se movía sobre la superficie de las aguas. Dios dijo: "¡Hágase la luz!". Y la luz se hizo. Y Dios vio que la luz era buena, y separó la luz de las tinieblas; y llamó Día a la luz y Noche a las tinieblas. Y hubo noche y mañana, primer día. Dios dijo: "Hágase un firmamento en medio de las aguas, que separe el agua del agua". Y Dios hizo el firmamento y dividió las aguas que hay bajo el firmamento de las aguas que están encima del firmamento, y así se hizo. Y Dios llamó al firmamento cielo. Y hubo noche y mañana, segundo día. Y Dios dijo: "Que se recojan las aguas que se encuentran debajo del cielo en un único lugar y aparezca lo seco". Y así se hizo. Entonces Dios llamó tierra a lo seco y llamó mar a las aguas que se habían juntado. Y Dios vio que era bueno».

Ezequiel

Tal como hemos visto al tratar el desarrollo histórico de la cábala, el primer periodo se define como «Obra del Carro» (*Ma'ase Merkavah*), porque tiene como tema central de la meditación (y como instrumento principal del crecimiento espiritual) la visión del carro divino que cuenta el profeta Ezequiel. Se trata de una visión al mismo tiempo simbólica y realista, que probablemente el profeta tuvo en estado de trance; muy impresionado, Ezequiel procuró narrar lo que había visto utilizando sus propias palabras y la simbología de su cultura.

La visión del carro del libro de Ezequiel

Nos situamos alrededor del 593-592 a. de C. El profeta, que debe de tener unos treinta años, se encuentra a orillas del río Chebar, junto con otros exiliados. De pronto se abren los cielos y aparece una visión divina: sopla un viento impetuoso del norte, surge una gran nube llena de relámpagos, fuego y resplandor; en el centro de esta se ven cuatro seres de aspecto humano, con cuatro rostros y cuatro alas cada uno, con los pies ahusados y la planta parecida a una pata de terne-

EZEQUIEL, MÍSTICO Y PROFETA

Ezequiel, al igual que su predecesor Jeremías, pertenecía a la clase sacerdotal («Ezequiel hijo de Buzi, sacerdote», Ez 1, 3), lo cual queda demostrado por el gran conocimiento que tenía del Templo y de las prácticas del culto.
A diferencia de Jeremías, que puede ser considerado el último de los profetas antes del exilio, Ezequiel experimentó sus profecías después del exilio. Según algunos estudiosos, fue deportado a Mesopotamia en el año 597 a. de C., durante el asedio de Jerusalén; según otros, se exilió después de que la ciudad fuera destruida, diez años más tarde. Él mismo afirma que la visión del Señor tuvo lugar en el 593-592, cuando debía de tener treinta años. La localidad en donde tuvo la visión, cerca del canal Kebar (también llamado Nil), se encontraba en la Baja Babilonia, en las proximidades de Tel-Abib, no lejos de la ciudad de Nippur.

Ezequiel y Joaquín, Guiard des Moulins, *Bible Historiale*, París, finales del siglo XIII (BNF/G)

ro, centelleante como el bronce, y con manos humanas bajo las alas. Estos seres avanzan en la dirección del viento, zigzagueando.

Respecto a los cuatro rostros son de hombre, de león en el lado derecho, de buey en el izquierdo y de águila. Las alas están extendidas hacia arriba, dos se tocan y otras dos cubren el cuerpo. Entre ellos hay ascuas ardientes, parecidas a lámparas. Tocando el suelo los cuatro seres tienen ruedas, encastradas unas en las otras, que avanzan junto a ellos, bajando y subiendo según sus movimientos. Sobre sus cabezas, sobre los pares de alas extendidas hacia arriba, hay una bóveda estupenda, que brilla como el hielo. Las alas hacen un ruido estruendoso, que sólo cesa cuando los seres se detienen.

En la parte superior de la bóveda hay un trono de zafiro, en el cual se encuentra un ser de forma humana, envuelto en una gran luminosidad, similar al fuego, con un resplandor multicolor parecido al arco iris de la cintura hacia arriba y de la cintura hacia abajo.

De este modo se aparece la Gloria del Señor al profeta, que cae al suelo. Oye una voz que le dice que se ponga en pie: un espíritu penetra en él y hace que se levante, mientras se le comunica el mensaje que deberá llevar a Israel, al que llama «casa rebelde». Luego le pide que no sea duro y desobediente como aquellos a quienes será enviado, y le dice que abra la boca y coma lo que le va a dar. A continuación, se materializa una mano que le pone un rollo, escrito por dentro y por fuera, con lamentos, gemidos y dificultades escritos. El ser le ordena que se coma el rollo y vaya a la Casa de Israel a llevar el mensaje que él le comunicará.

Al final, un espíritu lo levanta mientras a sus espaldas la Gloria del Señor se alza del lugar y se eleva en el aire. El profeta oye el gran ruido producido por las alas de los seres que aletean una contra otra, el traqueteo de las ruedas y un enorme estruendo. Después de la visión, Ezequiel queda aturdido durante siete días.

Segunda visión de la Gloria del Señor

Más tarde, el profeta es visitado de nuevo por el Señor, que le manda salir de casa e ir a la llanura, en donde se le manifiesta nuevamente la Gloria del Señor, de un modo parecido a lo que había visto en Chebar.

Esta vez el profeta también cae al suelo, pero un espíritu lo levanta, mientras le habla la voz de Dios. El Señor pide a Ezequiel que se quede encerrado en casa, en donde deberá permanecer atado para no mezclarse con los demás; perderá el uso de la palabra y ya no podrá ser guía de los otros israelitas, pero, cuando Él le hable, Ezequiel recuperará la palabra y podrá dirigirse a los demás para comunicar el mensaje.

Interpretaciones modernas de la visión del carro

Algunos estudiosos contemporáneos afirman que la visión del carro de Ezequiel no es más que una experiencia parapsicológica (como la aparición de seres de otra dimensión), o ufológica, descrita en un lenguaje propio del contexto cultu-

Antecedentes literarios antiguos

La visión del carro de Ezequiel, Guiard des Moulins, *Bible Historiale*, París, finales del siglo XIII (BNF/G)

ral del profeta y que posteriormente fue interpretada según las categorías típicas del pensamiento hebreo místico de la época.

Llegados a este punto nos hallamos ante una situación análoga a la que se describe en una obra hermético-alquímica del siglo XVII, *El conde de Gabalis*, de Montfaucon de Villars; en esta, se habla de la población celeste de los Silfos, que habrían capturado a seres humanos y los habrían llevado a sus máquinas voladoras, para instruirlos y devolverlos a la tierra. A su regreso, estos hombres fueron considerados traidores de la raza humana, y fueron aprisionados, torturados y ejecutados.

A pesar de que sean hipótesis sugerentes, no son relevantes para la interpretación de la tradición hebrea; precisamente el lenguaje de profetas como Daniel y Ezequiel puede ayudarnos a entender el alto nivel de simbolismo de estos textos, independientemente de la causa que desencadenara las visiones, que, en cualquier caso, estimamos que se originaban en estado de trance (experiencia subjetiva de una aparición divina).

Muchos elementos de la visión están en sintonía con la simbología corriente en la época de Ezequiel, concretamente con la de tradición babilónica. Este es el caso, por ejemplo, de la representación de los ángeles, parecidos a los querubines asirio-babilónicos, representados en la estatuaria como bifrontes y dotados de alas, igual que explicó el profeta.

Eliphas Lévi y la interpretación de la visión del carro

Escritor ocultista del siglo XIX, Eliphas Lévi analizó los diferentes aspectos de la narración y dedicó parte de su vida a estudiar la cábala. Tras la lectura de su obra *Los misterios de la cábala*,* se advierte que su modo de interpretar el texto es el típico de los esoteristas occidentales del siglo XIX, interpretación que quienes siguen la tradición cabalística hebrea en sentido estricto no consideran nada pertinente. Se considera la visión como un texto exclusivamente esotérico, en el que se trasmite el saber secreto de las épocas más antiguas de la humanidad. A continuación, se reproduce un breve fragmento:

«Y entonces viene un viento del Norte arremolinado y tempestuoso. El impulso del principio motor se imprime en el polo negativo y se manifiesta en el polo positivo. Y una gran nube. La sustancia universal se condensa por un principio de polarización molecular y la materia aparece, en un primer momento, en estado gaseoso, luego en forma de vapores. Y vi un fuego que giraba vertiginosamente arremolinándose. La fuerza activa que se manifiesta en el fuego se lleva con ímpetu de un polo al otro y da a todos los puntos de materia o de Éter condensado un movimiento de rotación. Entonces se manifiesta la fuerza de atracción y la fuerza de proyección [...]».**

* Lévi, E., *I misteri della Cabalà*, Atanòr, Roma, 1992 (ed. esp.: *Los misterios de la cábala*, Humanitas, Barberà del Vallès, 1984).
** Ibídem.

Daniel

Daniel, que en nuestra tradición está incluido entre los profetas, en la Biblia hebrea forma parte de los hagiógrafos, aunque sería conveniente incluir este texto, como hemos hecho anteriormente, entre los apocalípticos.

Daniel cuenta el sueño, Guiard des Moulins, *Bible Historiale*, París, finales del siglo XIII (BNF/G)

Daniel cuenta el sueño, Guiard des Moulins, *Bible Historiale*, París, finales del siglo XIII. Maestro de Fauvel y colaboradores (BNF/G)

No sabemos nada del autor, salvo lo que cuenta la tradición y lo que se reproduce en el propio libro. Deportado a Babilonia en el año 607 a. de C., Daniel formaba parte de un grupo de cuatro hebreos que fueron instruidos en la corte de Nabucodonosor II. A pesar de las fuertes presiones, se mantuvo fiel a los usos y costumbres hebreos, y desveló al soberano el significado de sus sueños, que permanecían envueltos en el misterio para todos los sabios de la corte.

Por otro lado, las referencias cronológicas no parecen ser correctas. En efecto, no se conoce una deportación ocurrida en el año 607 a. de C., sino que, como afirman varios autores, parece que tuvo lugar posteriormente, después del 605 o 604 a. de C., en el momento en que Nabucodonosor conquistó Palestina y Siria.

Las genealogías tampoco parecen encajar y la primera parte del libro (los seis primeros libros, que narran los episodios de la vida de Daniel y de sus amigos en Babilonia) podría haber sido escrita en una época más tardía. Esta teoría se confirma por el lenguaje utilizado, típico de épocas posteriores al exilio, en el que aparecen términos de origen griego y persa.[12] La segunda parte del libro (del capítulo séptimo en adelante) es un escrito típicamente apocalíptico, todavía más tardío. La obra que se reproduce en la Biblia cristiana está escrita en tres idiomas diferentes: hebreo, arameo (2, 4-7, 27) y griego (3, 24-90 y capítulos 13 y 14).

Resumen

Después de la toma de Jerusalén por parte de Nabucodonosor, rey de Babilonia, Daniel y otros jóvenes de sangre real o noble fueron deportados a Babilonia, y vivieron en el palacio real. Allí recibieron nuevos nombres, así como una educación completa según el estilo babilónico, y estudiaron el idioma de los caldeos para vivir acogidos por el rey durante un periodo de formación de tres años. Daniel, a pesar de adaptarse, se negó a comer el alimento contaminado de los paganos y se limitó a mantener una dieta de verduras y agua. Junto con sus compañeros Ananías, Misael y Azarías, Daniel acumuló conocimientos y sabiduría. Concretamente, recibió de Dios la capacidad de interpretar cualquier tipo de visión y de sueño. Llegado el momento de la presentación en la corte, el rey se quedó impresionado por el saber de los cuatro amigos y, eligiéndolos por delante del resto de candidatos, decidió que se quedaran con él.

El segundo capítulo narra la decisión del rey de Babilonia de matar a todos los sabios de la ciudad, porque, tras haberles pedido que adivinaran el significado de uno de sus sueños, ninguno había sido capaz de satisfacerle. Daniel, que se había enterado de ello, rezó a Dios, junto con sus compañeros, y tuvo una visión nocturna en la que le fue explicado el sueño del rey. Entonces pidió al jefe de la guardia, el encargado de matar a los sabios, que lo llevara ante el rey, y Daniel le reveló el significado de su sueño: «Oh, rey, los pensamientos que te asaltaron cuando estabas tumbado en tu cama tienen que ver con el futuro, y aquel que revela los misterios te da a conocer lo que será» (2, 29).

---

12. A. Soggin, *Introduzione all'Antico Testamento*, Paideia, Brescia, 1968.

Jerusalén. Dibujo procedente de las ilustraciones de Yoseph Ben David de Leipnik (siglo XVIII) para el *Sefer Hagadah shel Pesakh* (FS)

Daniel contó al rey que había soñado con una estatua de aspecto terrible, con la cabeza de oro puro, el pecho y los brazos de plata, el vientre y los muslos de bronce, las piernas de hierro y los pies medio de hierro, medio de arcilla. En el sueño, mientras el rey miraba la estatua, una piedra se desprendía de la montaña y le golpeaba los pies, rompiéndoselos. De pronto, todo estallaba en mil pedazos, la estatua se convertía en polvo, que se dispersaba en el viento, y la piedra crecía hasta convertirse en una montaña que llenaba toda la tierra.

Luego Daniel aclaró al rey el significado del sueño: la cabeza de oro simboliza al rey de los reyes, al cual obedecen todos los seres vivos. Después de él, habrá otro reino (la plata), inferior al del rey de Babilonia, y luego un tercero (el bronce), que reinará en toda la tierra. El cuarto reino será sólido como el hierro y los destruirá a todos, pero será inestable (en parte arcilla, es decir, frágil, y en parte hierro, sólido), y sus dos partes no ligarán entre sí. Finalmente surgirá otro reino (la piedra que baja de la montaña), querido por Dios, que acabará con todos los demás y dominará el mundo para siempre.

La respuesta de Daniel gustó al rey, que lo ascendió de grado y le confió la administración de la provincia de Babilonia; no obstante, Daniel prefirió quedarse en la corte, junto al rey, e hizo que asignaran esa tarea a sus tres amigos.

Pero las cosas no fueron como debían. El rey ordenó erigir una estatua de oro de treinta metros de altura y tres de anchura, que debía ser adorada, por orden, por todos los súbditos, de cualquier raza y rango. Quienes no lo hicieran, serían lanzados a un horno de fuego ardiente. Los tres amigos de Daniel no se postraron ante la estatua y fueron acusados por caldeos envidiosos; en presencia del rey siguieron negándose a adorar la estatua y a los dioses, por lo que fueron condenados al suplicio del fuego. Cuando los echaron al horno, que tenía el fuego tan vivo que quemaba a quienes estaban alrededor, los tres jóvenes caminaron sin dificultad sobre el fuego, loando y bendiciendo a Dios. En este punto del texto aparece el *Cántico de Azarías entre las llamas* y después, cuando interviene el ángel del Señor que expulsa las llamas fuera del horno, el *Cántico de los tres jóvenes*, que bendicen al Señor; se trata de textos de gran valor poético, que retoman numerosos fragmentos extraídos de otros libros de la Escritura. Viendo que los tres jóvenes estaban sanos y salvos, sin ninguna quemadura, el rey reconoció el poder de la divinidad que los había salvado y ordenó que, en adelante, nadie blasfemara contra el Dios de los hebreos. Y reintegró a los tres jóvenes amigos de Daniel a sus funciones gubernativas.

El segundo sueño

Después de tener un segundo sueño, el rey pidió nuevamente la intervención de Daniel. El rey había soñado que un árbol de una altura desmesurada, que se encontraba en el centro de la tierra, crecía hasta tocar el cielo. Las hojas y los abundantes frutos alimentaban a todos los seres vivos. Pero un vigilante (un ángel) bajó del cielo y ordenó cortar el árbol, sacudir las hojas, hacer caer los frutos y alejar a todos los animales. Lo único que debía quedar en la tierra eran las raíces del árbol, atadas con una cadena de cobre y hierro. Además, tenía que cambiar su propio corazón, que se transformaría de corazón de hombre en corazón de animal, durante siete años.

Daniel interpretó el sueño: el árbol grande y poderoso es el rey, que iba a ser destronado; permanecía con las bestias de la tierra y. al cabo de siete años, cuando reconozciera que todo el poder viene del cielo, vería resurgir su reino (el tronco que ha quedado). La visión se produjo y, doce años después, el rey fue destronado, vivió en condiciones de desesperación, entre las bestias, despertándose con el rocío, con aspecto de animal, hasta que alzó la mirada al cielo y reconoció el poder de Dios, lo alabó, lo bendijo y recuperó inmediatamente su dignidad real con el poder acrecentado.

La visión de Baltasar

El regente de Babilonia, Baltasar, en el transcurso de un banquete sacrílego en el que hizo beber a concubinas y dignatarios en los vasos sagrados que había traído su padre, Bucadnezzar, de Jerusalén, tuvo la visión de los dedos de una mano de oro que escribían en la pared de cal del palacio real.

Tampoco en este caso ninguno de los sabios fue capaz de leer el escrito de la pared, por lo que, gracias a la intervención de la esposa del regente, Daniel fue llamado; este resolvió el enigma, pero no aceptó los valiosos regalos que el regente quiso entregarle.

Daniel le explicó que en la pared habían sido escritas tres palabras, que hacían referencia a lo que ocurriría como consecuencia de la conducta indigna del regente: *mené*, *tekél*, *perés*, que significan: «Dios ha medido tu reino y le ha fijado término; has sido pesado en la balanza y se ha visto que estabas falto de peso; ha sido dividido tu reino y ha sido entregado a los medos y a los persas». Las palabras se cumplieron y aquella misma noche Baltasar fue asesinado, y su reino pasó a Darío el medo.

Daniel en el foso de los leones

Con la llegada de Darío, el destino de Daniel parecía escrito. Primero fue incluido en una tríada de sátrapas que gobernaron el reino a cuenta de Darío y luego fue nombrado gobernador por cuenta del rey. Sin embargo, esta nueva posición no gustó a los sátrapas, que, envidiosos, buscaron una manera de que el soberano aborreciera a Daniel. Y la encontraron en la religión: hicieron promulgar a Darío un decreto que obligaba a todos los súbditos, durante un periodo de treinta días, a dirigir sus oraciones solamente al rey y a ningún otro hombre o divinidad. En caso contrario, el reo sería arrojado al foso de los leones.

Aun conociendo el decreto, Daniel fue a su casa, se volvió hacia Jerusalén y oró a Dios, como solía hacer tres veces al día. Los dignatarios envidiosos lo encontraron rezando y lo denunciaron al rey, que se vio obligado, en contra de su voluntad, a aplicar el decreto y ordenó que arrojaran a Daniel al foso de los leones. El rey sintió una gran pena por ello, pero su alegría fue mayor cuando al día siguiente encontró a Daniel sano y salvo en el foso, protegido por un ángel del Señor. El rey ordenó que le sacaran, reconoció su inocencia e hizo ajusticiar a los calumniadores, junto a sus esposas e hijos. Después, el rey escribió a todo el reino una carta en la que reconocía al Dios de Daniel y los portentos que había realizado.

Las visiones de Daniel

En el séptimo capítulo empieza la narración de las visiones proféticas de Daniel, que resumimos brevemente a continuación.

Visión de los cuatro animales y del trono
De noche, el profeta vio los cuatro vientos revolviendo el mar y cuatro bestias que surgieron de las olas, diferentes entre sí. La primera era un león con alas de águila; después de que le fueran arrancadas las alas, el aire lo levantó, luego se puso de pie

como un hombre y se le dio un corazón de hombre. La segunda bestia era un oso con tres costillas en la boca, al que le decían: «¡Venga, come carne en abundancia!». Luego, en la oscuridad, apareció una pantera, con cuatro alas de pájaro en el lomo y cuatro cabezas, a la que se confirió un poder especial. Finalmente, apareció la bestia más terrible de todas: poseía grandes dientes de hierro, todo lo destruía y lo pisoteaba. En el punto en que nacían diez cuernos, el profeta vio cómo despuntaba un pequeño cuerno que destruía tres de los otros cuernos; en este cuerno había ojos humanos y una boca que escupía sentencias arrogantes.

Y entonces Daniel vio unos tronos, en los que se sentó un anciano con vestiduras claras y cabello blanco como la lana: «[...] de llamas de fuego era su trono, y sus ruedas como de fuego llameante». De su presencia fluía un río de fuego y el anciano era servido por una miríada de seres. Los libros fueron abiertos. Mataron a la bestia que aullaba y quemaron su cuerpo. A las otras bestias se las desposeyó del poder que tenían, pero se les permitió vivir más tiempo que el monstruo. Y fue entonces cuando apareció un ser parecido a un «Hijo de Hombre» que se acercó al anciano, y este le confirió un poder eterno sobre todos los seres humanos. Un ángel explicó a Daniel que las tres primeras bestias eran tres grandes reinos que surgirían en la tierra, seguidos de un cuarto, terrible, que subyugaría a los hijos de Israel (los santos del Altísimo). Estos serán liberados por el Mesías, que les dará un reino perenne.

Visión del carnero y del chivo

Daniel tuvo una visión a orillas del río Ulai, en la provincia de Elam. Frente al río vio un carnero, con dos cuernos: uno más nuevo y alto que el otro, más viejo. El carnero se lanzó en dirección a Occidente, haciendo saltar todo por los aires, cada vez con más fuerza. Pero entonces llegó de Occidente un chivo con un gran cuerno entre los ojos que no tocaba el suelo con las patas. En la lucha resultó vencedor el chivo, que doblegó en el suelo al carnero, después de haberle roto los cuernos.

El chivo iba creciendo y fortaleciéndose, pero, en un momento dado, el cuerno se rompió para dejar paso a otros cuatro cuernos, dirigidos hacia los cuatro vientos de la tierra. De uno de estos salió un cuerno más pequeño, que crecía en dirección al mediodía, Oriente y Palestina; se elevó hasta alcanzar la milicia celeste, profanó la morada santa y prohibió el sacrificio diario.

Dos santos (o dos ángeles) allí presentes hablaban entre sí, preguntándose cuánto tiempo duraría esta abominación, y la respuesta fue: dos mil trescientas noches y mañanas después, el santuario será reivindicado.

Un ser de aspecto humano pidió a Gabriel que explicase la visión a Daniel, quien, atemorizado por su presencia, se desvaneció y cayó al suelo. Gabriel lo incorporó y le explicó que el carnero con dos cuernos era el rey de Media y de Persia, y el chivo, el rey de los griegos (Alejandro Magno), que también estaba representado por el cuerno entre los ojos; los otros cuatro cuernos eran los diádocos (lágidas, seléucidas, antigónidas y atálidas), que serían sus sucesores, mientras que el último rey de quien se hablaba era Antíoco, que abolió el sacrificio diario.

Resulta realmente interesante una nota acerca de la reacción que tuvo Daniel ante la visión: «Yo, Daniel, me quedé agotado y me encontré mal durante varios días [...]» (8, 27).

Las Setenta Semanas

Es una profecía importante por las muchas interpretaciones que, a lo largo de los siglos, se han propuesto. Daniel se hallaba meditando en el templo en el que más tarde tendría lugar la desolación de Jerusalén; a partir del texto de Jeremías, intentaba entender el significado de la expresión «setenta años».

Después de haber pedido ayuda a Dios con humildad y fervientes oraciones, reconociendo la maldad y las traiciones de su pueblo, causantes de las miserias del momento, recibió la visita de Gabriel, que le aclaró el problema. Gabriel le contó que el pueblo y la ciudad de Jerusalén disponían de setenta semanas de tiempo para poner fin a los sufrimientos y a sus culpas. Desde el inicio del exilio (587 a. de C.) se calculan siete semanas (una semana se entiende como un periodo de siete años, es decir, en total cuarenta y nueve años) y en el 538 a. de C., la comunidad judía guiada por el sacerdote Josué se establecerá nuevamente en Palestina; luego se necesitarán sesenta y dos semanas para restaurar plazas y fosos, hasta la muerte de un consagrado (Onía III, 170 a. de C.). La última semana será aquella en la que Antíoco cumplirá su abominación (siete años, del 171 al 164 a. de C.) y estará compuesta por dos medias semanas; en la primera, en el año 167 a. de C., será abolido el sacrificio en el templo y sustituido por el culto a Zeus (un auténtico escándalo), y después, en el 164 a. de C., al final de la segunda media semana, se restablecerá el culto gracias a Judas Macabeo.

Se ha señalado con frecuencia que las cuentas no cuadran, pero debemos considerar que se trata de dataciones antiguas, de cronologías a menudo defectuosas y de periodos de algunas decenas de años que podían comprimirse y parecer más cortos de lo que sabemos hoy.

Aparición del ángel en el Tigris

Estaba Daniel a orillas del río Tigris, en el templo del rey Ciro de Persia, cuando alzó la mirada y vio a un hombre vestido de lino, con un cinturón de oro, con el cuerpo parecido a un topacio, el rostro como el rayo, los ojos como lámparas encendidas, los brazos y piernas como de bronce y la voz igual que la de una multitud.

Daniel fue el único que tuvo la visión, pero el profeta la percibió como algo que debía ser advertido por los demás: «[...] presas del miedo, huyeron y se escondieron». La visión debilitó a Daniel, que se sentía destruido. La voz del ángel lo aturdió y le hizo caer al suelo. Pero rápidamente notó que lo levantaban, se sostuvo apoyándose en rodillas y manos, luego se puso en pie, tembloroso, mientras el ángel, que le llamaba «Predilecto», decía ser enviado por él y que no tuviera miedo, porque, desde el primer día de su misión profética, sus palabras habían sido escuchadas.

El ángel, que decía haber ido precisamente en respuesta a sus palabras, le contó que le había entretenido el ángel encargado del reino de Persia (antiguamente existía la creencia de que cada reino tenía un ángel protector). Sin embargo, el problema había sido resuelto por Miguel, que se había quedado con el ángel del reino de Persia.

La profecía se refiere al futuro del pueblo de Israel, contra el que lucharán otros príncipes, pero que será protegido por Miguel. La intrincada profecía está relacionada con el desarrollo histórico de la tierra de Israel durante los reinos de

Egipto y Siria, bajo los ptolomeicos y los seléucidas. De las vicisitudes que se describen, tiene un interés especial la subida al poder de Antíoco IV Epifanio, quien, después de sus momentáneas victorias, actuará a placer, se situará por encima de todas las divinidades e insultará al propio Dios de los dioses. Cometerá la máxima afrenta que puede concebir un hebreo: levantar un ídolo pagano en el templo y abolir el sacrificio. Antíoco Epifanio también erigirá un templo a Júpiter Capitolino en Antioquía, pero al final él también perecerá.

El capítulo decimosegundo del libro de Daniel es especialmente importante porque describe la Resurrección final de los muertos: unos gozarán de la vida eterna, otros merecerán las penas del infierno. Los espíritus electos brillarán como estrellas en el cielo. A la pregunta que Daniel formuló al ángel, sobre cuándo tendrían lugar estos hechos, el ángel respondió: «Cuando se termine de destruir la fuerza del Pueblo Santo, se cumplirá todo esto».

Libro de Enoc

De esta obra, escrita en los siglos II-I a. de C., sólo se conserva íntegra la versión etíope, junto con algunos fragmentos en griego. Está estructurada en cinco libros, más una introducción (capítulos I-V) y una conclusión (capítulos CV-CVIII), que forman el denominado Pentateuco enoquiano:

- *Libro de los vigilantes* (capítulos VI-XXXVI);
- *Libro de las parábolas* (capítulos XXXVII-LXXI), que sustituyó a un anterior *Libro de los gigantes*;
- *Libro de la astronomía* (capítulos LXXII-LXXXII);
- *Libro de los sueños* (capítulos LXXXIII-XC);
- *Epístola de Enoc* (capítulos XCI-CIV).

Se trata de un texto complejo, no unitario, que hace referencia, por lo menos, a dos grandes tradiciones diferentes: una vinculada con Noé y otra, con Enoc.

Elías y Enoc. De un manuscrito medieval del siglo XIII (FS)

Varios fragmentos sugieren que podría haber existido un *Libro de Noé* previo, que habría sido integrado en la obra. Asimismo, el hecho de que el texto incluya varias visiones teológicas hace pensar en una transmisión prolongada en el tiempo, con modificaciones, añadidos y supresiones. Un ejemplo sería la desaparición del *Libro de los gigantes*: dado que la obra fue considerada inspirada por los primeros cristianos, es posible que algunas referencias poco aceptables por su parte, como el arrepentimiento de algunos demonios después de la caída, hubieran llevado a la eliminación de este libro.

Introducción

La introducción de la obra, compuesta por cinco breves capítulos, trata sobre la visión de Enoc, el profeta al que le han sido abiertos los ojos. Este, después de haber examinado todo lo que hay en el cielo y en la tierra, se da cuenta de que todas las cosas siguen al propio Creador. Sólo los hombres, rompiendo la perfección de la Creación, desobedecen a Dios, por lo que su destino será terrible. La suerte de los elegidos, aquellos que hayan seguido el deseo de Dios, será muy distinta: aunque, debido a la malicia intrínseca del hombre por culpa de la caída de los ángeles, sean incapaces de ejecutar a la perfección los mandamientos del Señor, serán considerados dignos de recibir la sabiduría, que les permitirá vivir en perfecta armonía con el Creador.

El Libro de los vigilantes

El pecado del hombre es fruto de la caída de los ángeles. En este primer libro son más evidentes las referencias a un *Libro de Noé*. Los capítulos XII-XXXVI contienen las tradiciones enoquianas más antiguas y originales. El libro tiene otras subdivisiones, debidas a la confluencia de diferentes tradiciones. En algunos puntos se observa la ausencia de la creencia en la supervivencia del alma; en otros, en cambio, sí aparece, hasta el punto de que se habla del viaje de Enoc al mundo de más allá y se describen las moradas de las almas que están a la espera del Juicio Universal.

El Libro de los gigantes

Esta obra fue ignorada hasta los estudios de W. B. Hennig (1943-1946) y ha sido parcialmente reconstruida a partir de los fragmentos recuperados de las distintas tradiciones.

A diferencia de lo que se afirma en el *Libro de los vigilantes*, en el que los gigantes aparecen citados sólo como hijos de los vigilantes y los ángeles caídos no pueden ser perdonados, en el *Libro de los gigantes* se alude a una doctrina del arrepentimiento de los demonios. Dada la heterodoxia de esta posición, incluso desde el pensamiento esenio, según el cual Dios había creado a los ángeles buenos y malos, nada nos impide pensar que la sustitución de esta obra por el *Libro de las parábolas* pueda haberse producido en la cultura esenia, como añadidura a la hipótesis cristiana ya formulada.[13]

EL LIBRO DE LAS PARÁBOLAS

El autor de este libro, unitario y completo, ya conocía el *Libro de Enoc* y el *Libro de los gigantes*, y probablemente el *Libro de las parábolas* habría tenido que ser un segundo *Libro de Enoc*. Después de la supresión del *Libro de los gigantes*, este texto entra en el Pentateuco enoquiano.

La obra presenta tres parábolas (discursos) sobre los ángeles, sobre la astronomía y la meteorología, y sobre una figura mesiánica.

Existen diferentes opiniones sobre su asignación: podría tratarse de una obra cristiana tardía o bien de una obra judía con influencias cristianas. En cualquier caso, los vínculos entre el Nuevo Testamento y el *Libro de las parábolas* son evidentes.

EL LIBRO DE LA ASTRONOMÍA

El original de esta obra debía ser bastante extenso, como se desprende de algunos fragmentos provenientes de Qumrán. En el texto etíope, que es un resumen del original, se compara el calendario solar de 364 días con las fases de la luna.

EL LIBRO DE LOS SUEÑOS

Escrito en la primera mitad del siglo II a. de C., alrededor del 164 a. de C., narra dos visiones, una sobre el Diluvio Universal y otra referente a la historia de la Creación en el reino de Dios. Los personajes aparecen representados como animales.

LA EPÍSTOLA DE ENOC

Probablemente escrita en el siglo I a. de C., narra un apocalipsis (el de las Diez Semanas) y podría representar la lucha entre fariseos y saduceos.

El *Libro de Enoc*, a causa de las distintas tradiciones que abarca, trata el problema del mal de un modo no siempre coherente; concretamente lo concibe como consecuencia de la caída de los ángeles y de la contaminación que estos provocaron con su comportamiento. El texto es rico en visiones típicas del género apocalíptico y presenta algunas páginas a las que han prestado una especial atención la meditación hebrea y los cabalistas en general.

---

13. De la introducción de la obra *Apocrifi dell'Antico Testamento* de P. Sacchi, TEA, Milán, 1990.

A continuación, reproducimos un breve resumen de la introducción del *Libro de Enoc* y de los capítulos VI-IX y XIV.

Capítulos VI-XI

En estos capítulos se describe el origen del mal, que debe buscarse en el acto de desobediencia de los ángeles. Doscientos de ellos, comandados por Semeyaze, decidieron salir de su dimensión para aparearse con las hijas del hombre. Este fue un acto gravísimo de contaminación a varios niveles que provocó la generación de unos monstruos terribles: los gigantes.

Nos encontramos ante una tradición antigua, que se encuentra quizá en el origen del Génesis 6, 1-8: «Cuando los hombres empezaron a multiplicarse sobre la faz de la tierra y nacieron sus hijas, ocurrió que los hijos de Dios vieron que las hijas de los hombres eran atractivas y tomaron por esposas aquellas que más les gustaron [...]. Había gigantes en la tierra en aquellos tiempos, y también después, cuando los hijos de Dios se acercaron a las hijas del hombre y estas parieron sus hijos. Son estos los famosos héroes de la antigüedad».

Hay quien afirma que este fragmento bíblico es el origen de la narración de Enoc, pero es innegable que lo que se dice en el libro del Génesis parece hacer referencia a una tradición anterior, presentada sólo parcialmente. De hecho, el fragmento no está claro y ganaría en transparencia con la hipótesis de una conexión con tradiciones anteriores, de las que habría bebido también el *Libro de Enoc*.

El crimen más grave fue transmitir al hombre conocimientos secretos y supremos sobre el funcionamiento del cosmos, prerrogativa de las Inteligencias Espirituales: los ángeles rebeldes enseñaron a las mujeres encantamientos, magias y a conocer plantas y raíces, mientras que a los hombres los instruyeron en los secretos de la fabricación de armas (por obra de Azazel) y collares, en técnicas para modificar el mundo, encantamientos y astrología.

Las consecuencias fueron dramáticas: esta mezcolanza, antinatural para los seres humanos, los condujo a perversiones de todo tipo, y los gigantes, generados por el apareamiento entre ángeles e hijas del hombre, devoraron todas las cosas, hasta el punto de que los propios seres humanos ya no eran capaces de mantenerlos y se convirtieron ellos mismos en objeto de su voracidad.

Toda la naturaleza, incluidos los hombres, elevó su voz al Altísimo. Los ángeles fieles al Creador, entre los que se hallaban Miguel, Gabriel, Suriel y Uriel, recogieron la súplica y llevaron el caso ante Dios, a quien pidieron que interviniera, después de presentarle la terrible situación de sangre y sufrimiento del hombre: este no podía liberarse solo, porque la contaminación había llegado del reino espiritual y haría falta una intervención desde lo alto para restablecer el orden.

Dios envió un ángel a Noé para que le contara qué le ocurriría a la humanidad perversa. Luego ordenó a Rafael que atase de pies y manos a Azazel y lo abandonase en una localidad desierta, enterrado con piedras, en donde permanecería hasta el momento del Juicio, en el que sería lanzado al fuego eterno. Además, Rafael debía hacer revivir la tierra corrompida, para permitir que algunos hombres se salvasen. De hecho, la culpa de lo ocurrido no era del hombre, sino de Azazel. Gabriel fue enviado a destruir a los gigantes, que se enfrentarían unos a otros y se matarían entre sí. Miguel fue enviado a Semeyaze, para informarlo de su atroz destino: él y sus secuaces serían hechos prisioneros durante mucho tiempo y, en el momento del Juicio, serían lanzados al fuego para toda la eternidad y sometidos a tormentos.

Capítulo XIV

Se trata de uno de los capítulos más importantes para el conocimiento de los temas de reflexión cabalística, porque presenta una de las visiones más significativas de Enoc: la visión del Trono Divino.

Enoc recibe de Dios una visión que ahora puede transmitir, gracias a la boca que le sirve para hablar y a la inteligencia que le permite entender y narrar. Antes de la visión, recibe el encargo de comunicar a los ángeles caídos su terrible destino, así como la suerte terrible que correrán sus hijos, los gigantes. A continuación, narra la visión: las nubes, la niebla, las estrellas y los rayos lo incitan a correr, lo levantan, lo llevan por el cielo hasta un muro de cristal, rodeado de llamas. Supera las lenguas de fuego y entra en una casa, toda de cristal, en la que hay querubines y todo arde con el fuego. Por dentro la casa está caliente como el fuego y fría como la nieve. Enoc cae al suelo y de pronto ve, en otra visión, una casa todavía más grande, en donde también todo está en llamas: «Yo miré y dentro vi un trono alto; su aspecto [era] como cristal y su redondez como el sol resplandeciente y [se oía] la voz de los querubines. Desde debajo del gran trono salían ríos de fuego ardiente y no era posible mirarlo. En él se sentaba la Gran Gloria y su túnica resplandecía más que el sol y era más blanca que todas las nieves. Y ninguno de los ángeles podía entrar allí. Ni ninguna criatura de carne podía mirar el aspecto del rostro del Honorado y Glorioso. Fuego de fuego ardiente [había] alrededor de Él, y tenía un gran fuego delante y, de las decenas y decenas de miles que estaban a Su alrededor y por delante, no había nadie que se acercara a Él; sin embargo, no necesitaba santo consejo».[14]

Regla de la comunidad de los esenios

La *Regla de la comunidad* es uno de los documentos más importantes de las obras qumránicas, el conjunto de escritos que fueron encontrados íntegros o en fragmentos en ánforas escondidas en cuevas de la localidad de Qumrán, en la zona del mar Muerto.

---

14. P. Sacchi, *op. cit.*, pp. 74-75. El texto que figura en el volumen a cargo de Paolo Sacchi fue traducido por Luigi Fusella, basándose en la edición en ge'ez (antigua lengua literaria etíope) de Dillmann de 1855.

Fragmento de pergamino de uno de los textos de Qumrán (FS)

El documento, escrito en hebreo, es uno de los primeros que fue descubierto, estudiado y publicado. Tiene una importancia capital para conocer la organización de la comunidad esenia de Qumrán, en concreto para entender las normas de la vida cotidiana que eran impuestas a quienes ingresaban en la secta. A través de este documento se puede saber cómo vivían realmente los esenios del mar Muerto y qué pensaban.

El texto ejemplifica perfectamente la interacción entre vida mística (plegaria, purificación) y acción práctica (actividad diaria). Puesto que no disponemos de textos no esenios que hablen de las primeras comunidades de ascetas, místicos o apocalípticos, puede ser de utilidad aproximarse a ese mundo por medio de este valioso documento, que, como mínimo, nos puede dar una idea de cómo se organizaba una comunidad de santos en los inicios de la era cristiana.

Fuentes

La *Regla de la comunidad* se ha conservado en doce manuscritos de distinta calidad. Muchos de ellos, procedentes de la cuarta cueva de Qumrán, son fragmentarios, pero pueden completar las pocas lagunas que presenta el mejor manuscrito que nos ha llegado, el rollo hallado en la primera cueva que fue descubierta, llamado *1QS*.

Este rollo, que formaba parte del grupo de escritos que circulaban en 1947, incluye otras obras: la *Regla de la congregación* y la *Compilación de bendiciones*, que presentan más lagunas. Se trata de un pergamino blancuzco, fino, con columnas de texto de 25 cm de altura y 13-18 cm de anchura, y 26-27 líneas cada una.

Analizamos la obra a partir de la edición crítica realizada por Corrado Martone, de la que hemos extraído el fragmento del siguiente apartado.[15]

---

15. C. Martone, *La Regola della comunità* (edición crítica), Silvio Zamorani, Turín, 1995.

Objetivos de la obra

El inicio de la obra, aunque presenta bastantes lagunas, nos permite entender las finalidades de la *Regla*: definir las reglas y comportamientos necesarios para alcanzar objetivos eminentemente espirituales.

Así empieza la *Regla*:

«[...] *Libro de la regla de la comunidad*, para buscar a Dios, con todo el corazón y con toda el alma; para hacer el bien y la rectitud delante de Él, como ordenó por medio de Moisés y de todos sus siervos, los Profetas; para amar todo lo que él prefiere y odiar todo lo que él odia; para mantenerse lejos de cualquier mal y para sumarse a todas las obras buenas; y para restablecer el curso justo de las cosas, lograr que se observe correctamente la ley y llevar el derecho a la tierra, y no caminar más en la obstinación de un corazón culpable y de unos ojos infieles, haciendo el mal, y para hacer entrar en el privilegio del pacto a quienes están dispuestos a cumplir los preceptos de Dios...».

El texto inicial de la *Regla de la comunidad* nos sitúa ante algunos elementos de máxima importancia.

En realidad, no se puede entender el resto del documento sin antes aclarar determinados conceptos.

El objetivo de quien entra en la comunidad de los esenios es el esfuerzo continuado en busca de Dios. Esta búsqueda se lleva a cabo haciendo el bien y actuando con rectitud, poniendo en práctica todo lo que Él ordenó a través de la Torá (el Pentateuco) y los Profetas.

El hombre debe entrar en sintonía profunda con Dios, hasta el punto de amar lo que él ama y odiar lo que él odia, haciendo el bien y manteniéndose alejado del mal, para realizar la voluntad de Dios en la tierra. Esto se logra, en primer lugar, mediante una conversión profunda del ánimo humano, que decide abstenerse del pecado y ayudar a los demás a entrar en la misma situación de pureza y justicia.

En los fragmentos siguientes la *Regla* establece que quien entra en la comunidad debe entregar su inteligencia, sus fuerzas y sus bienes a la «comunidad de Dios».

En concreto, este traspaso de bienes depende siempre del nivel de iniciación del candidato.

En una primera etapa, en que la aceptación no es definitiva, los bienes se conservan en el tesoro de la comunidad, pero todavía no son cedidos, cosa que sólo ocurre cuando el candidato es acogido definitivamente en su seno. El iniciado que ha entrado en la comunidad debe respetar los momentos canónicos de las fiestas, sin anticiparlos ni retrasarlos.

Entrada en la comunidad

En el momento de ingresar en la comunidad se lleva a cabo una ceremonia solemne que incluye un pacto entre el candidato y la comunidad delante de Dios.

La lucha entre los hijos de la luz y los hijos de las tinieblas

En la *Regla de la comunidad de los esenios* se encuentra un texto de suma importancia para entender su visión del mundo.

Dios introdujo dos espíritus en cada hombre, el de la luz y el de las tinieblas, que intentan arrastrarlo en su dirección: hacia el bien o hacia el mal. En función de cómo el hombre sigue a los espíritus, se forman dos auténticos escuadrones, el de los hijos de la luz y el de los hijos de las tinieblas. De este modo, se exterioriza la lucha interior del hombre, que se debate entre dos tendencias.

La distinción entre bien y mal no es sólo teórica, sino también práctica: mediante el examen que se realiza cada año a quien entra en la comunidad, se puede reconocer su tendencia hacia el bien o hacia el mal, interpretando una serie de signos que permiten determinar su estado espiritual.

Además de los signos, también se deben conocer las fuerzas de los ejércitos (probablemente se refiere al ejército angelical y al diabólico), para reconocer a los enemigos. La verdad depende del ángel de la luz y la injusticia, del ángel de las tinieblas. Sin embargo, esta división no es de tipo maniqueo (el principio del bien que lucha en un plano de igualdad con el principio del mal); en este caso, a pesar de que el ángel de las tinieblas es creación divina, el ángel del bien está apoyado por Dios, que le socorre tanto a él como a los hijos de la luz. Además, Dios ama al ángel de la luz desde siempre, del mismo modo que odia al otro, el espíritu de las tinieblas.

Ambos espíritus son portadores de las virtudes y los pecados del hombre. Aunque en ese momento los dos espíritus están de alguna manera equilibrados (los dos reinos coexisten en condiciones de igualdad), pronto llegará el momento en que, con la visita de Dios, la estirpe de los malvados será exterminada para siempre; se da un tiempo limitado a esta situación de equilibrio entre las dos tendencias, y la tendencia malvada deberá sucumbir a la buena. Entonces llegará el reino de la justicia y los hijos de la luz podrán volver al estado del Edén (en efecto, se dice que de ellos será toda la gloria de Adán).

La *Regla de la comunidad* continúa revelando que ella misma existe para los hombres que apoyan el bien, observan los preceptos y se someten a los sacerdotes, los cuales tienen la misión de observar y hacer observar el pacto a la mayoría de hombres píos de la comunidad. Estas autoridades, los sacerdotes y la mayoría de hombres justos de la comunidad, expresan su parecer sobre todo lo que es esencial para la correcta existencia del individuo. Concretamente, quien entra en la comunidad debe aceptar vivir respetando la ley mosaica tal como fue transmitida y tal como es interpretada por los sacerdotes, separándose de toda persona indigna, es decir, de todo aquel que no forme parte de la secta.

Una vez más, se insiste en el hecho de que la purificación no es fruto de la ritualidad, sino que exige una verdadera conversión interior, sin la cual ningún bautismo no sirve de nada. La impureza del pecador es tal, que los miembros de la comunidad tienen que abstenerse de mantener cualquier relación con él por la contaminación que provoca su contacto.

Los sacerdotes y los levitas bendicen a Dios y recuerdan al pueblo las gracias que Él ha prodigado sobre Israel; por su parte, los que entran en el pacto reconocen haber pertenecido a un pueblo de pecadores y haber transgredido los preceptos de verdad y justicia. Entonces los sacerdotes bendicen a los justos, augurándoles paz eterna, mientras los levitas maldicen a los que han despreciado los preceptos divinos. Al término de las bendiciones y las maldiciones los candidatos dicen: «Amén, amén». Naturalmente, los nuevos miembros de la comunidad deben ser sinceros, ya que, de lo contrario, son castigados con terribles penas divinas y con la exclusión de la comunidad.

La ceremonia debe ser repetida año tras año, hasta que se cumpla el proceso previsto.

Luego se indica que la entrada en la *Regla* deberá tener lugar de un modo ordenado: primero los sacerdotes, luego los levitas y finalmente todo el pueblo. Se defiende la necesidad de una estructura jerárquica férrea, en la que cada cual tiene que conservar su posición.

Si alguien no desea seguir las reglas de la comunidad y se deja arrastrar por su tendencia malvada (prefiriendo las tinieblas a la luz), no podrá figurar entre los justos y no servirá para nada ninguna práctica de purificación (expiaciones o abluciones) que realice. Deberá someterse a las leyes divinas, con espíritu de humildad y de obediencia, antes de poder ser acogido nuevamente en la comunidad.

El examen del candidato

En esta parte de la *Regla* se dictan las normas para valorar a los candidatos y a quien ha entrado en la comunidad. En primer lugar, su espíritu es examinado por los sacerdotes, luego se introduce al candidato en un proceso iniciático, en donde encuentra el lugar que le corresponde según su inteligencia y sus obras. Cada año, a través de un examen, se valoran de nuevo la inteligencia y las obras del candidato. Si este lo supera, puede aspirar a niveles superiores de iniciación, o bien, en caso de posibles faltas, puede ser castigado con el retroceso a niveles inferiores.

Un elemento importante es la relación que se instaura entre los miembros de la secta de distintos grados, que tienen que ayudarse y animarse mutuamente: los que están en un nivel superior deben ayudar a los del nivel inferior, basando su intervención en la verdad, la humildad y el amor por los demás.

En particular, no se debe hablar con los hermanos de corazón duro o espíritu malvado. Además, la persona en situación de pecado deberá ser reprendida el mismo día, primero en presencia de algunos testimonios y después, si se confirma la falta, ante una asamblea.

La jerarquía se nota especialmente en la gestión del trabajo y de los recursos económicos, que son las actividades propias de los superiores. Por lo demás, todas las actividades, una vez el candidato ha sido aceptado como miembro efectivo de la comunidad, se realizan en común: las comidas, las bendiciones y las decisiones. Estas últimas se toman en reuniones de diez personas, al frente de las cuales se halla un sacerdote que interpela a cada uno de los presentes según su grado.

Cada grupo de diez comparte las comidas, bendecidas por el sacerdote, e incluye una persona encargada del estudio constante de las Escrituras, que luego explica a los demás para su mejora espiritual, si bien esto no exime al resto de los miembros del grupo de estudiarlas ellos mismos. De hecho, un tercio de la noche debe ser dedicado a la lectura, al estudio y a la bendición en común.

La asamblea

La reunión de la asamblea (Consejo de la Comunidad) transcurre respetando siempre la jerarquía.

Normalmente no está permitido intervenir fuera del turno, a menos que la asamblea lo consienta mediante una autorización especial.

Cada miembro interviene cuando le corresponde, sin interrumpir a quien le toca hablar, por turnos.

La asamblea también interviene en la aceptación de candidatos. Estos, después de haber sido valorados por el jefe del Consejo, tienen que someterse al juicio de la asamblea, en donde cada miembro expresa su opinión y argumenta la aceptación o el rechazo.

Una vez aceptado, el candidato no puede participar en las purificaciones de la comunidad durante un periodo de un año; transcurrido ese tiempo, volverá a ser examinado.

Al término del segundo año de aprendizaje, y después del examen pertinente, podrá entrar de pleno derecho en la comunidad y sus bienes personales pasarán a formar parte del tesoro común.

La participación en la vida de la comunidad también contempla castigos: si alguien miente acerca de los bienes, es castigado con la exclusión de la purificación común y la reducción de la ración de pan; la misma pena se inflige a quien actúa con desprecio y falta de amor por un hermano (se utiliza la expresión «romper el fundamento de la comunión»); si alguien se insubordina y se toma la justicia por su mano, es expulsado de la comunidad durante un año.

También se prevé una serie de castigos, que casi siempre consisten en la separación de la comunidad, para quien maldice cuando lee los Textos Sagrados o habla con cólera contra los sacerdotes más respetables, para quien dice falsedades o engaña, para quien es negligente, para quien se comporta de modo indecoroso y para quien calumnia o murmura contra los demás.

La traición

Para los esenios, el crimen más grave, por lo menos en lo que se refiere a la vida interna de la secta, es la traición, que se castiga con una expulsión que puede durar hasta tres años, con una reaproximación gradual de año en año en los casos en los que haya arrepentimiento real y conversión, o bien se puede llegar a castigar con la expulsión perpetua, que se hace extensiva a los posibles cómplices, en el caso de que el traidor haya sido miembro de pleno derecho de la comunidad durante diez años.

El Consejo de los Quince

En el capítulo octavo de la *Regla* se introduce un nuevo Consejo, distinto del asambleario del que hemos hablado antes: el Consejo de los Quince. No hay unanimidad de opiniones sobre la interpretación de esta institución. Se trata de un grupo separado de los otros miembros de la comunidad, compuesto por tres sacerdotes y doce hombres, cuyas características son: buena formación teológica, solidez moral, profundidad espiritual y capacidad para enseñar a los demás los valores de los que son portadores.

Según algunos autores, podría tratarse de un primer núcleo de un Consejo compuesto por personas procedentes de las diferentes comunidades esenias, que tendría la función de reafirmar la verdadera fe y la verdadera tradición en Israel. Hasta que esto no ocurra, la comunidad permanece asimilada al mismo Templo que, como se dice en un punto de la *Regla de la guerra*, otro importante documento esenio, actualmente está profanado por un culto ilegítimo. Pero llegará un momento en que el Templo será devuelto al culto legítimo.

Otras normas legislativas

Los capítulos VIII (20, 27) y IX (2) tratan sobre el tema del castigo para quien transgreda la ley. Hay dos tipos de transgresiones: voluntarias (se dice «con mano alzada o a causa de negligencia») e involuntarias («inadvertencias»). Las transgresiones voluntarias comportan la exclusión definitiva de la comunidad, mientras que, en el caso de una infracción involuntaria, se conmina al infractor a sufrir una serie de restricciones: es apartado de la purificación y se le anulan sus derechos en tanto que miembro de la asamblea, como la facultad de juzgar o de emitir su opinión. El periodo de castigo dura dos años, después de los cuales el infractor se somete al veredicto de la mayoría. El juicio sobre cuestiones legales y cuestiones relativas a los bienes en general es expresado por un sacerdote, de cuyo parecer depende la suerte de todos los miembros de la comunidad.

En la parte final del capítulo noveno se abordan nuevamente algunos temas del inicio de la obra, en especial la finalidad de la *Regla*, que es hacer posible que el hombre siga el camino de la perfección.

El capítulo décimo empieza con una frase breve, que enlaza con el texto anterior, en donde se hace referencia al culto que el hombre justo debe prestar a Dios «según los tiempos que él ha establecido» y continúa con un himno final, que presenta, entre otros, el calendario religioso de la comunidad. Pese a la dificultad que entraña su interpretación, por lo menos al principio, proporciona indicaciones sobre las horas canónicas de la plegaria y los periodos sagrados del año. Siguen una serie de bendiciones dirigidas a Dios, la descripción de la conducta típica del esenio, en tanto que hombre justo con el prójimo, pero sólo si este sigue un camino de perfección, la descripción de la iluminación exclusiva que Dios concedió al hombre que pertenece a la comunidad y el reconocimiento de su propia pequeñez frente al Creador, así como la conciencia de su ayuda y su intervención salvadora.

Obras de la cábala desde los orígenes hasta el año 1500

Sefer Yetzirah (Libro de la Formación)

El texto principal del esoterismo hebreo es, sin ninguna duda, el *Libro de la Formación* (*Sefer Yetzirah*). Esta obra fue escrita en los siglos VI-VII d. de C., probablemente en Palestina, y presenta, en pocas páginas, símbolos y temas que más tarde serán vueltos a tratar muchas veces por comentadores de distintos lugares y formación. Se considera el libro más adecuado para quien se inicia en el estudio de la cábala, aunque muchos puntos puedan parecer oscuros e incomprensibles.

«Oh, Señor, yo soy tu siervo». Dibujo procedente de las ilustraciones de Yoseph Ben David de Leipnik (siglo XVIII) para el *Sefer Hagadah shel Pesakh* (FS)

El *Sefer Yetzirah* es uno de los libros fundamentales de la cábala, no sólo porque se trata de uno de los primeros textos completos sobre el tema, sino también porque posteriormente ha sido comentado por generaciones de cabalistas, prácticamente hasta la actualidad.

Estructura

Existen dos versiones distintas del *Sefer Yetzirah*, una corta y una larga. Hemos consultado la corta, que empieza con la letra bet, segunda letra del alfabeto hebreo, y se divide en seis capítulos y sesenta y cinco secciones.

En el primer capítulo se presentan las treinta y dos maravillosas vías de sabiduría (las diez *sefirot* y las veintidós letras del alfabeto hebreo) y se detallan las características de las *sefirot*.

En el segundo capítulo se describen las veintidós letras del alfabeto hebreo, que son las piezas fundamentales de la construcción del Universo: Dios «las grabó, las formó, las combinó, las pesó. Las permutó e hizo con ellas todo lo que ha sido creado [...]». Dios combinó, pesó y permutó la letra álef con todas las otras y todas las letras con álef; la letra bet con todas las otras (excepto con la letra álef) y todas con la bet, y así sucesivamente, teniendo la precaución de no combinar las letras precedentes, hasta obtener doscientas treinta y una combinaciones, representadas por una figura triangular; el vértice superior derecho de este triángulo está representado por álef-bet, el vértice superior izquierdo, por álef-taw, y el vértice inferior, por shin/sin-taw. Se destaca que el origen de la Creación es precisamente la combinación de todas las letras con álef, que está con cada una de las otras letras. Álef indica Dios mismo o su dimensión espiritual.

En el tercer capítulo se habla de la creación de los elementos fundamentales del Universo, obtenidos por combinación y permutación de tres letras denominadas madres: álef, mem y shin.

El cuarto capítulo está dedicado a las siete dobles (con la formación de los planetas); el quinto, a las doce simples, y el sexto, a las tres madres EMESH.

Algunos fragmentos del primer capítulo del *Sefer Yetzirah*

Primera sección
«Por medio de 32 maravillosas vías de la sabiduría, el Señor Dios de los ejércitos, Dios viviente y Rey del Universo, Dios Omnipotente, Misericordioso, Clemente, Excelso, Elevado, que vive en lo Alto, cuyo nombre es sagrado, grabó y creó Su mundo con tres categorías numéricas y formales, el número, la palabra y la escritura. Diez *sefirot belimah* y 22 letras fundamentales: 3 Madres, 7 Dobles y 12 Simples».*

El íncipit de la obra nos lleva inmediatamente al núcleo: tenemos al Creador, presentado con algunos de sus nombres más importantes y conocidos, que crea su mundo, utilizando treinta y dos caminos de sabiduría: las diez *sefirot* y las veintidós letras del alfabeto hebreo.

El primer verbo utilizado es *grabó*, que implica la existencia de una materia para ser grabada y una acción, la de grabar. El gesto típico es el de la escritura. Pensemos en los Diez Mandamientos grabados sobre piedra: también se trata de un caso de acción directa divina que crea la nueva dimensión moral del Hombre del Pacto.

El texto que hemos utilizado para la traducción de estos breves pasajes empieza con bet, la segunda letra del alfabeto hebreo, que significa, en este caso, «con, por medio de». Sobre esta letra han corrido ríos de tinta, por ejemplo, por su

---

* El texto original sobre el que se ha realizado la traducción es el que se recoge en *Sefer Yetzirah, Libro della Formazione*, Atanòr, Roma, 1995.

forma particular, que se cierra por arriba, por abajo y por la derecha, pero se abre por la izquierda, en la dirección de la escritura y la lectura (el hebreo se lee de derecha a izquierda); o bien porque es la segunda letra del alfabeto, después de álef, que representa a Dios antes de la Creación; o quizá también por ser la misma letra con la que empieza la Torá (B^{e}reshit, Al principio). Otras versiones no empiezan con bet, sino directamente con las «32 vías de la sabiduría...». En estas versiones, el objeto del grabado son las vías y el verbo utilizado para el mundo es *creó*. Nos encontramos ante una doble acción: se forman, se graban, las vías de la sabiduría; luego se hace que el mundo exista mediante el número, la palabra y las letras. Podríamos decir que, a través de las *sefirot* (esferas, vasos energéticos, emanaciones divinas, luego cualidades divinas) y las letras (principios al mismo tiempo numéricos, físicos y vibratorios), Dios elabora el código genético del Universo y los principios de su desarrollo.

Según una antigua tradición, que atestiguan El'Azar da Worms y Shabbetay Donnolo en sus comentarios del *Sefer Yetzirah*, encontramos el pasaje siguiente: «Durante los dos mil años que precedieron la creación del mundo, el Santo —sea loado— se recreó con la ciencia de las letras: las juntaba, las hacía rodar, las combinaba en una única frase, giraba las veintidós adelante y atrás.

Las componía en frases completas, medias frases, un tercio de frase. Invertía las frases, las unía, las separaba, transformándolas tanto en las letras como en la puntuación vocálica. Contaba su número hasta completarlo...».** El lector no debe sorprenderse por la aparente dificultad en la argumentación: si nada existía, ¿sobre qué realizaba estas operaciones el Altísimo? Sobre lo que ya existía con Dios antes de todos los tiempos: la Torá.

Segunda sección
«Diez *sefirot belimah* (sin determinación); como el número de los diez dedos. Cinco frente a cinco y un pacto único está orientado en medio, con la palabra de la lengua y con la palabra de la circuncisión».

Tercera sección
«Diez *sefirot belimah* (sin determinación), diez y no nueve, diez y no once. Entiende el *Hokhmah* (sabiduría), sé sabio en *Binah* (Inteligencia), examínalas e indágalas, pon la cosa sobre su sostén y pon al Creador en su lugar».

Cuarta sección
«Diez *sefirot belimah* (sin determinación), su medida es diez y no tienen fin. Profundidad del Principio y profundidad del Final, profundidad del Bien y profundidad del Mal, profundidad del Encima y profundidad del Debajo, profundidad del Este y profundidad del Oeste, profundidad del Norte y profundidad del Sur, y el Señor, Dios, Rey Leal, manda sobre todos desde su santa residencia en la eternidad».

** G. Busi y E. Loewenthal (a cargo de), *Mistica Ebraica*, Einaudi, Turín, 1999.

> **COMENTARIO AL *SEFER YETZIRAH* DE SHABBETAI DONNOLO**
> En referencia al término *Belimah* (*blimà*, «sin determinación»), el importante cabalista Shabbetai Donnolo, autor de un comentario a la obra titulado *Sefer Chakhmoní* (*Libro Sabio*), se expresa del siguiente modo: «Diez *sefirot blimá*; explicación del término *blimá*: sin consistencia (*bli meumá*, sin nada). Esto se dice para mostrar que quien quiera construir un palacio debe tener piedras, polvo, madera, agua y herramientas adecuadas, y que en el caso de que no se disponga de tales elementos el palacio no podrá ser construido. Si se quiere hacer objetos de madera, cristal, hierro, cobre, plata u oro, o de cualquier otro material, si no se dispone de madera, cristal, hierro, cobre, plata, oro u otro tipo de material con el que hacer el objeto, entonces no se podrá. En cambio (al contrario de lo que ocurre con los hombres), el Señor, Grande, Potente y Terrible, creó el mundo de la nada (*mi-meumá*), gracias a su gran fuerza».*
>
> * *Sefer Yetzira'*, con el comentario *Sefer Chakhmoní* (*Libro Sabio*) de Shabbetai Donnolo, Lulav, Milán, 2001.

SEFER HABAHIR
(LIBRO DE LA CLARIDAD)

El *Sefer HaBahir* puede considerarse, después del *Sefer Yetzirah*, el segundo texto más importante de la historia de la cábala. Con respecto al *Sefer Yetzirah*, presenta un estadio de la cábala más evolucionado y tiene algunas particularidades que hacen pensar en tendencias gnósticas de la tradición hebrea.

La obra se conoce con dos títulos diferentes, *Midrash* de rabí Nehunia ben Haqanah, con el que se conoció durante la Baja Edad Media, y *Sefer HaBahir* (*Libro de la Claridad*), que probablemente sea el más antiguo. El segundo título hace referencia al inicio de la obra, en donde se reproduce un versículo de Job (37, 21). No se sabe cuándo fue escrito, pero, en cualquier caso, parece que no es correcto atribuirlo a rabí Nehunia, uno de los *tannaim* del siglo II d. de C.

La obra es fundamentalmente un *Midrash*, que aporta, en sus numerosos y breves pasajes, la opinión de los rabinos Amora (desconocido) y Rehumai. El análisis de los versículos bíblicos, a veces limitado a palabras o a letras, es de tipo exclusivamente simbólico y esotérico.

Una parte del texto está dedicada al análisis y explicación del *Sefer Yetzirah*, cuyas diez *sefirot* son equiparadas a las diez palabras del Génesis que son el origen de la creación del mundo.

La estructura del libro parecería confirmar que se trata de una obra no orgánica, fruto de un agrupamiento de varias enseñanzas de distinta procedencia. Una de las características más interesantes es que introduce en el pensamiento cabalístico escrito atributos divinos, como *sefirot*, bellos recipientes del Rey, coronas.[16]

El texto fue impreso por vez primera en el año 1651 en Ámsterdam y la última edición fue publicada en Jerusalén en 1951.

A continuación, reproducimos algunos fragmentos, útiles para interpretar el valor simbólico de las letras hebreas, que hemos traducido del original arameo y hebreo (a veces el texto está en arameo y las citas, en hebreo). En el *Libro de la Claridad* son muchos los puntos en los que se habla de las letras hebreas y de las vocales. Aquí nos limitamos a ofrecer un breve resumen.

El significado de *toho wa bohu*, primeros versículos del Génesis

I. Dijo rabí Nehunia ben Haqanah: un versículo dice «Ahora ya no veían la luz resplandeciente; esta se encontraba en los cielos» y otro versículo reza «Hizo de la oscuridad su escondite» y también se dice «Tinieblas y espesa niebla lo rodean».

   Contradicción. Sigue un tercer versículo que equilibra los dos primeros: «Ni siquiera la oscuridad es oscura ante ti, y la noche resplandece como el día, la oscuridad como la luz».

II. Dijo rabí Berekhia: ¿Qué significa el versículo «Y la tierra era *tohu wa bohu*»? ¿Qué significa Era?
   Que ella existía ya en tanto que *tohu*.
   ¿Y qué significa *tohu*?
   Algo que sorprende a los seres humanos.
   ¿Y por qué *bohu*?
   Esta era *tohu* y ha vuelto a convertirse en *bohu*.
   ¿Y cuál es el significado de *bohu*?
   Algo en lo que hay algo: el término se puede descomponer en *bo* (en esto) y *hu* (hay algo).

La letra bet (ב)

III. ¿Y por qué la Torá empieza con la letra bet?
   Porque así empieza el término *Berakha* (bendición).
   ¿Y de dónde extraemos que la Torá se llama *Berakha*?
   Se dice que está colmado por la bendición de Dios, que el mar y el mediodía son tu herencia. Y el mar no es otra cosa que la Torá, y así se dice: «Ella es más amplia que el mar».

---

16. *Le Bahir, le livre de la clarté*, Verdier, 1983. El estudio y la traducción de los pasajes del *Sefer HaBahir* que reproducimos se ha realizado a partir del texto en hebreo y arameo de la edición publicada por Mossad ha Rav Kook en Jerusalén en 1951, a cargo del rabino Margaliot.

¿Qué significa: «Y llenó de la bendición de Dios»?

Esto significa que cada vez que se pronuncia la letra bet, nos hallamos ante un lenguaje de bendición, como cuando decimos: «B°reshit» (Al principio). Y no existe principio que no sea *Hokhah* (sabiduría), es decir: «El inicio de la sabiduría es el temor a Dios». Y no existe sabiduría que no sea bendición, porque se dice «Y bendijo Dios a Salomón», y está escrito: «Y Dios dio la sabiduría a Salomón». Y como un rey que casa a su hija con su hijo, y al dársela dice: «Haz de ella lo que desees».

V. Rabí Rehumai analizó el versículo: «Y llenó de la bendición de Dios, que el Mar y el Sur sean tu herencia». Ahora en todas partes está bendecida la letra bet, porque ella es la «Plenitud», ya que está dicho: «Y llenó de la bendición de Dios», y de allí apaga la sed a aquellos que desean.

XIV. ¿Por qué bet está cerrada por todos los lados menos por delante?

Para enseñarte que ella es la casa del mundo y que el santo (loado sea) es el lugar del mundo, pero el mundo no es su lugar. Y no se debe leer *bet* sino *Bait* (casa), tal como está escrito: «Mediante la sabiduría se edifica una casa y mediante la inteligencia se hace más sólida».

XV. ¿Y a qué puede compararse bet?

A un hombre que se ha formado en la *Hokhmah* (Sabiduría), porque está cerrada por todas partes y abierta por delante, mientras que álef está abierta por detrás. Esto para enseñarte que bet está abierta por detrás mediante la cola. Si no fuera así, no podría vivir el hombre, del mismo modo que si no hubiese una bet en la cola de álef no podría subsistir el mundo.

XVI. Rabí Amorai explicaba la letra álef.
¿Por qué álef va delante de todas?
Porque ella lo ha precedido todo, incluso la Torá.

XVIII. ¿Y por qué bet está inmediatamente a su lado?
Porqué ella resulta ser el principio de la Creación.
¿Y por qué tiene una cola?
Para mostrar de qué lugar proviene. Hay algunos que dicen que de allí (de la cola) el mundo obtiene su subsistencia.

La letra gímel (ג)

XIX. ¿Y por qué gímel es la tercera (en el alfabeto)?

Porque ella viene como tercera, y para que sepamos que ella llena de beneficios. Sin embargo, rabí Akiva dice que gímel es la tercera letra porque está destetada, hace crecer y sostiene, tal como está escrito: «El niño creció y fue destetado». Y esta es también mi explicación, ya que ella ha crecido y ha llenado de beneficios a quien habita en ella y es su confidente.

Nota: cada palabra comparte de algún modo el valor de la letra con la que empieza, así como la letra inicial tiene algo en común, desde el punto de vista metafísico, con el significado de la palabra. Los términos arriba indicados empiezan todos con gímel: *gomel hessed*, «llena de beneficios», o *gomelet*, «ser destetada».

XX. ¿Y por qué gímel tiene una cola abajo?
Les respondió: «La letra gímel tiene una cabeza arriba que parece un conducto. Así como este conducto sale de arriba y descarga abajo, también gímel capta con la cabeza y da con la cola. Y esta es la letra gímel».

La letra dálet (ד)

XXVII. Y sus alumnos le preguntaron: ¿qué significa la letra dálet?
(El contestó) esta es similar a diez reyes que se encontraban en un mismo lugar, y todos eran ricos, salvo uno que, a pesar de ser rico, no lo era como todos los demás. Su riqueza era grande, pero era pobre en comparación con ellos.

Nota: la letra dálet es la primera letra de la palabra *dal* («pobre»).

La letra he (ה)

XXVIII. Le preguntaron: ¿qué significa la letra he?
Se encolerizó y les dijo: ¿no os he dicho que no me preguntarais sobre la última cosa antes que sobre la primera?
Le dijeron: ¡pero la he viene después!
Él les dijo: era mejor escribir gímel antes que he, pero si se escribe gímel dálet es para no escribir dálet gímel antes de la he (para no confundir dálet y gímel antes de la he). La confusión surgiría si se añade un trazo horizontal a la cabeza de gímel. La letra dálet se encuentra ya en la he, gracias a su punta vertical.

XXIX. ¿Qué significa he?
Respuesta: hay una he inferior y una he superior.

Nota: se hace referencia al nombre inefable de Dios (YHWH), en donde la letra he aparece dos veces: la primera vez, como primera he, se dice que es superior; luego, como segunda he, se llama inferior.

La letra waw (ו). Valor numérico 6

XXX. Le preguntaron: ¿qué significa waw?
Les respondió: en seis direcciones ha sido sellado el mundo.
Le preguntaron: ¿pero waw no es una sola letra?
Él les respondió: ¿no está escrito «Él se viste de luz como un vestido?».

La partícula et (álef + taw), indicativa del objeto directo

XXXII. Preguntó rabí Ismael a rabí Akiva: ¿por qué está escrito *et ha-shammayim we et ha-arets* (los cielos y la tierra)?
Sin la partícula *et* habríamos podido decir que *shammayim e arets* son divinidades.
Él les respondió: [...] lo que dices es correcto, pero *et* comprende el sol, la luna, las estrellas y los planetas. Y la otra *et* comprende los árboles, las plantas y el jardín del edén.

Nota: la partícula acusativa *et* ha sido objeto de muchas discusiones entre los cabalistas; digamos solamente que puede abarcarlo todo en sí misma, por estar compuesta por la primera letra del alfabeto, álef, y la última, taw.

La letra mem (ם / מ)

LXXXIV. Y la mem abierta, ¿qué significa la mem abierta?
Contiene lo masculino y lo femenino.
¿Y qué significa la mem cerrada?
Está cerrada como un vientre visto desde arriba.
Pero rabí Rehumai dijo que el vientre se parece a la letra tet.
Dijo que tiene la forma de la tet por dentro, yo he hablado de su forma desde fuera.

LXXXV ¿Y qué significa mem?
No se lee *mem*, sino *maim* (agua). Así como las aguas son húmedas, el vientre está siempre húmedo.
¿Y por qué la mem abierta contiene lo masculino y lo femenino, y la mem cerrada, en cambio, lo masculino?
Para enseñar que el fundamento de la mem es lo masculino y que su apertura significa el principio femenino. Y como el macho no puede generar si no está abierto, la mem cerrada no puede generar si no se abre; así como la hembra genera abriéndose y cerrándose, mem está ahora abierta, ahora cerrada.

La palabra AZ (אז) (Entonces)

CXL.   ¿Qué significa AZ (álef + zayin) (entonces)?
  Nos enseña que no es lícito leer la letra álef sola, sino junto a las dos letras que están unidas a ella, que ocupan el primer lugar en *Malkhut*. Y las letras que están con álef son tres y, de las Diez Palabras, quedan siete. A estas corresponde zayin (valor numérico 7), tal como está escrito: «Entonces cantaron Moisés y los hijos de Israel el himno» (o bien: Moisés y los hijos de Israel cantaron la AZ).

Sefer HaZohar (*Libro del Resplandor*)

El *Zohar*, una de las obras más importantes de la cábala hebrea, probablemente fue escrito (o revisado) por el español Moisés de León.

Se ha debatido largamente sobre el hecho de si esta obra es una simple transcripción o revisión de un texto anterior (como da a entender el título, *Midrash de Shimon bar Yohai*, Moisés de León lo atribuía a *Shimon bar Yohai*, el gran maestro del los *tannaim*), o bien si se trata de un texto escrito ex novo por el cabalista español. Según una antigua leyenda, después de la muerte de Moisés de León, un magnate de Ávila intentó comprar a la viuda el manuscrito original de donde el cabalista había copiado el texto del *Zohar*, pero la mujer le contestó que no existía tal texto, porque su marido era el autor de la obra.

El *Zohar* es una obra cuya divulgación a lo largo de los siglos ha pasado por dificultades.

Durante un siglo aproximadamente fue una lectura restringida a unos pocos adeptos, interesados en una nueva visión, más mística, de la tradición hebrea. Posteriormente se convirtió en el texto fundamental de la cábala.

En el transcurso de los últimos siglos, la paternidad del *Zohar* se ha ido alternando entre Moisés de León, como sostenía Heinrich Graetz, historiador del hebraísmo del siglo XIX, y un autor desconocido, sobre todo en las primeras décadas del siglo XX, momento en que se consideraba que era una obra que se había ido componiendo a lo largo de los siglos, con contribuciones de diferentes autores.

Es especialmente significativa la posición de Gershom Scholem, que estima que la obra es fundamentalmente un texto unitario, aunque con consistentes diferencias internas. Al parecer, los dos primeros niveles en los que está dividido el *Zohar* son obra de un autor diferente del que ha escrito el tercero, o bien los tres niveles son del mismo autor, que, al llegar al tercero, ha envejecido, se repite y no tiene la lucidez y el brillo del principio. Scholem también sugiere que el tercer nivel se puede datar entre los años 1290 y 1300. Los dos primeros niveles mostrarían la evolución de un autor que, después de haber asimilado la cultura hebrea tradicional, se acerca cada vez más a la cábala, que se convierte, finalmente, en el método principal de su tratamiento.

Recientemente esta hipótesis ha sido discutida, y se ha afirmado que el autor podría ser otro importante cabalista español, que vivió entre la segunda mitad del siglo XIII y la primera del XIV, Yosef Gikatilla, o bien que los autores fueron varios, como sostenía la tradición anterior.

Estructura

El *Zohar*, que tiene centenares de páginas, es un comentario de la Torá en forma de discursos de maestros de los primeros siglos de nuestra era.

El texto, escrito en arameo, con algunos pasajes en hebreo, está dividido en diez partes. La primera, que se puede considerar el cuerpo principal de la obra, está dedicada a cada uno de los libros de la Torá y recuerda los *Midrashim* (homilías exegéticas de los primeros siglos de nuestra era), aunque la longitud de los textos no es la típica de estas oraciones.

A continuación, hay otras dos secciones, llamadas *Midrash oculto* y *Secretos de la Torá*, que abordan nuevamente muchos temas típicos del Pentateuco, en particular del Génesis. El *Midrash oculto* habla extensamente de Bar Yohai y de su círculo, y presenta numerosas homilías sobre los patriarcas y el destino del alma, según el estilo de las que se difundieron en el siglo XIII. La sección *Secretos de la Torá* constituye la exégesis mística propiamente dicha. La Gran Asamblea trata del Hombre Primordial, que representa la figura de la Divinidad, mientras que la Pequeña Asamblea reproduce el monólogo, sobre el mismo tema, que Shimon bar Yohai pronunció antes de morir.

Siguen las *Mishnayot* y las *Toseftot*, breves escritos sobre la ley religiosa hebrea (*Halakah*), el *Pastor Fiel*, con las intervenciones en forma de diálogo de Moisés y rabí Shimon bar Yohai, y, finalmente, los *Tiqqunim*, que tratan nuevamente el primer libro de la Torá, explicado ahora con mayor detalle.

El *Sifré Torah*

Esta obra, que aparece cuando se empiezan a imprimir los primeros textos del *Zohar*, es un comentario de los primeros versículos del Génesis. La interpretación que se realiza es de tipo simbólico, en parte porque la estructura original del libro del Génesis pasa a tener una importancia secundaria.

Efectuando una interpretación simbólica relacionada con las palabras y las letras, se altera por completo la estructura lógica aparente, para hacer que emerjan niveles de comprensión más secretos y profundos. Así surge la convicción de que la base de la realidad fenomenológica, a la que alude la narración, debe ser sostenida por otra realidad, de tipo espiritual, que probablemente existe antes de la material y tiene su sede en Dios mismo.

El proceso de formación tiene lugar primero en la Divinidad y luego se manifiesta en el exterior en la cosmogonía. El Dios del que hablamos es un Dios que se manifiesta en la Creación, y no el Dios escondido (*Ein-Sof*) que la mente humana no puede alcanzar. Así se expresa Gershom Scholem al respecto: «El secreto de la creación en sentido interior no es otro que la emergencia del *Ein-sof* de su ocultamiento, de modo que ya no aparece como *Ein-Sof*, sino como Dios viviente [...]».[17]

La vida secreta de Dios se manifiesta así a través de las modalidades, potencias interdependientes, que la tradición cabalística denomina *sefirot*: esferas o números. Si establecemos una relación con el *Sefer Yetzirah*, del que hemos hablado anteriormente, vemos que estos números no tienen nada que ver con los números matemáticos, sino con los diez primeros números de la potencia creadora, que, junto con las veintidós letras del alfabeto, se utilizan para crear el mundo.

Esta vida secreta de la Creación, a través de la cual Dios se manifiesta gracias a procesos de Emanación, está encerrada sobre todo en la Torá, y es allí en donde el cabalista debe buscarla.

Las *sefirot* no deben entenderse, pues, como algo que existe fuera de Dios: aunque no forman parte del *Ein-Sof*, son siempre Dios, pero Dios en la manifestación de su fuerza creadora. No son tampoco seres intermedios (como entidades, ángeles o los eones del pensamiento gnóstico), ya que su aspecto diferenciado no depende ni de su propia naturaleza ni de Dios mismo, sino sólo de la capacidad intuitiva de la criatura, puesto que sólo los seres humanos las ven como conceptos diferentes con características distintas. En efecto, su naturaleza no permite apresar su unidad íntima.

Gershom Scholem, en la obra antes citada que contiene el texto del *Sifré Torah*, sobre el que nos basamos, destaca también un segundo aspecto que considera de gran interés: la concepción mística del lenguaje. Existe un lenguaje divino, con el que la Divinidad hace existir todas las cosas; no es un lenguaje humano, sino algo mucho más elevado, que ha entrado en cierta medida en la Torá con los nombres de Dios: «Cada palabra [...] es Nombre de Dios. El proceso a través del cual el mundo toma forma es precisamente este realizarse cada vez más completo del Nombre».[18]

Análisis del primer versículo del Génesis

A continuación, resumimos un breve pasaje del inicio de la obra, particularmente significativo para la interpretación de las dos primeras palabras de la Torá: «Al principio» (*B°reshit*).

B°reshit (Al principio)

El *Sifré Torah* se abre con el estudio del primer versículo del Génesis: «Al principio Dios creó los cielos y la tierra». El análisis se inicia a partir del momento en que la voluntad de Dios empieza a actuar y graba el aura celeste, la energía espiritual emanada de Él. De la parte más escondida del *Ein-Sof* surge una llama os-

---

17. G. Scholem, *I segreti della creazione, un capitolo del libro cabbalistico «Zohar»*, Adelphi, Milán, 2003.
18. G. Scholem, *op. cit.*

cura, sin color, que se expande emitiendo finalmente colores resplandecientes. Los colores, emitidos hacia abajo, están originados por una fuente que se halla dentro del *Ein-Sof*. El aura radiante de la Divinidad no deja que la fuente emerja hasta que no tiene suficiente fuerza para brillar como un punto. Más allá de ese punto nada puede ser conocido, y por este motivo se llama *Reshit*, principio.

Recordemos que el punto del que se habla corresponde al punto de la letra yod del nombre inefable de Dios *(YHWH)*, que despunta del pequeño gancho que tiene arriba (el *Ein-Sof*) y que constituye la simiente de la que nacerá todo. En efecto, inmediatamente después se habla del punto originario, llamado principio, que empieza a expandirse y construye un palacio (como ya se ha visto, la segunda *sefirah*), en donde deposita la simiente de los mundos para «generar a beneficio del mundo».

Se pone como ejemplo el gusano de seda, que construye un palacio a su alrededor, para sí y para beneficio del mundo. Con este principio Aquel que está oculto y no puede ser conocido creó *Elohim*. Es una traducción sorprendente del primer versículo del Génesis: (el que no puede ser conocido) creó *Elohim*, en donde el sujeto lógico de la frase se convierte en el objeto de un sujeto no presente, misterioso, cuyo nombre es *Ehyeh* («Seré», del nombre de Dios *Ehyeh asher Ehyeh*, traducido a menudo como «Soy aquel que Soy»). En cambio, el nombre *Elohim* está grabado en la primera *sefirah* (*Keter*, Corona).

Una comparación fascinante con los Oráculos caldeos

Dado que ya se ha incidido en la mayor o menor dependencia de estos textos de otros anteriores de tradiciones diferentes, introduciremos una breve digresión sobre los *Oráculos caldeos*, que ejercieron una gran influencia en los neoplatónicos (especialmente en Numenio, Jámblico, Porfirio y Proclo) y, quizá, en otros pensadores hebreos. Estos textos son importantes porque nos permiten entender que el concepto de Emanación, tal como lo entendían los neoplatónicos, era en esencia diferente del que elaboraron los cabalistas.

Los *Oráculos caldeos* son una compilación de fragmentos poéticos, en hexámetros homéricos, escrita alrededor del siglo II d. de C. por un autor desconocido (quizá Juliano el Teúrgo, hijo de Juliano el Caldeo). Constituyen el único testimonio que nos ha llegado de la magia teúrgica de los primeros siglos de nuestra era y, aunque incompletos y fragmentarios, proporcionan información fundamental sobre la teúrgia y la filosofía sobre la que esta se estructuraba.

La obra consiste en la elaboración poética de textos utilizados en las prácticas mediúmnicas, o bien referidos a un médium poseído por el dios, en las ceremonias de teúrgia. En ellas el médium, bajo el control de un sacerdote y un evocador, se identificaba, en estado de trance, con la Divinidad invocada y, de este modo, asumía sus capacidades y prerrogativas, pudiendo interferir en la realidad. El trance se inducía ejecutando un rito mágico y con invocaciones

dirigidas a la Divinidad. Estas prácticas se celebraban en ambientes tanto cerrados como al aire libre, preferiblemente a orillas del mar, junto al fuego.
Los fragmentos de los *Oráculos caldeos* tienen diferentes procedencias, por ejemplo órfica, pero el núcleo más interesante está constituido por textos de clara derivación caldea.
Analizaremos solamente el contenido del breve fragmento 34, que aparece en la edición a cargo de Angelo Tonelli del año 1995. El fragmento describe el paso de la energía espiritual a través de la barrera del mundo físico: la luz proveniente del Padre, del cual surge con un resplandor inimaginable, se aleja del centro y empieza a decaer, transformándose en acontecimientos y cosas. Los rayos luminosos se desvían hacia abajo, pero mantienen su resplandor. Esto significa que cuando la energía espiritual se transforma en materia, continúa conservando una parte de sus características. La energía se congela en materia, pero el núcleo continúa vibrando con la frecuencia original.*
Este fragmento permite darnos cuenta de lo distintos que son los dos conceptos de Emanación, aunque aparentemente sean similares. En el caso del *Zohar*, nos encontramos ante una serie de acciones dinámicas que tienen lugar dentro de la Divinidad y que luego se transmiten a sus distintas modalidades, de modo que se alcanza la dimensión secreta, más interna, de la Creación. En el segundo caso, nos encontramos con un principio casi energético, emergido de una fuente de energía espiritual (el Padre) que pierde carga hasta congelarse en materia. Imaginemos una luz cegadora: cuanto más cerca estemos de ella, mayor será la intensidad de la luminosidad que percibamos y cuanto más nos alejemos de ella, menor será su intensidad, hasta que casi quede englobada en la oscuridad de las distancias mayores.

* Para un tratamiento más exhaustivo de los *Oráculos caldeos*, véase la obra de R. Tresoldi *Enciclopedia del esoterismo*, De Vecchi, Barcelona, 2003.

LA DULCE LUZ DE MOISÉS CORDOVERO

La obra *La Dulce Luz* fue publicada por primera vez en Venecia en 1587, a cargo del único hijo de Moisés Cordovero, R. Gedalia Cordovero. Este nació en 1562 en Safed. Después de morir su padre, su madre le envió a estudiar con R. S. Sagoysh. Le encontramos unos años más tarde en Venecia, comerciando con códices y textos cabalísticos, y como encargado de la edición impresa de las obras de su padre. Colaboró con R. Menahem Azaria de Fano y R. M. Bassula. En 1590 se trasladó a Jerusalén, ciudad en la que ocupó el cargo de presidente del tribunal rabínico y fue el representante de la comunidad judía ante los turcos. R. Gedalia Cordovero murió en Jerusalén en el año 1625.

La primera versión impresa de *La Dulce Luz* se publicó en Venecia en el año 1587 y difiere de las versiones manuscritas anteriores en varios puntos. Por otro lado, las obras impresas posteriores a la de Venecia son una copia de esta última, mientras que las copias manuscritas posteriores a la obra impresa de 1587 reflejan tanto la edición impresa como las anteriores copias manuscritas. La edición veneciana incluye algunas adiciones (por ejemplo, numerosos puntos de la sexta parte), pero también suprime fragmentos (como en el capítulo V, censurado porque contenía críticas a los no hebreos), por lo que el texto más fiel al original probablemente sea el de los manuscritos anteriores a la primera edición impresa; esta última, además, incluye varias intervenciones significativas, probablemente de R. M. A de Fano.[19]

La edición que utilizaremos es la elaborada por Schmouel Ouziel, que se basa en el texto impreso de 1587 y, a la vez, en algunos manuscritos importantes, como *MRK1* (manuscrito Mossad Harab Kooo, 1585) y *MT2* (manuscrito Montefiore 324/1, del siglo XVI), quizá copia del anterior.

En el prólogo, que figura en los manuscritos *MRK1* y *MT2*, se resume el esquema de la obra, que se divide en seis partes y en veinticinco capítulos, y que presentamos a continuación, tomada en parte de la edición francesa de Verdier.[20] A continuación, expondremos, a título de ejemplo, el resumen de toda la primera parte y de algunos párrafos de la segunda.

Estructura

Primera parte
Trata el rechazo de quienes se apartan de la cábala porque creen que puede causarles daño. Esta parte está dividida en seis capítulos:
   I. División en tres grupos de todos aquellos que se alejan de esta ciencia; se rebate la posición de los miembros del primer grupo.
   II. Se continúa rebatiendo las posiciones del primer grupo.
   III. Se rebaten las posiciones del segundo grupo que se opone a la cábala.
   IV. Se invalidan las posiciones de quienes hablan con arrogancia de la ciencia cabalística.
   V. Se explica con sabiduría y erudición por qué es necesario estudiar la cábala.
   VI. Se explica cuáles deben ser la conducta y la intención de quienes deseen aproximarse a esta disciplina.

Segunda parte
Se exige al erudito que estudie las ciencias metafísicas (la cábala). Consta de dos capítulos:
   I. La obligatoriedad de estudiar las ciencias metafísicas.
   II. La perfección del alma depende de ellas.

---

19. M. Cordovero, *La Douce Lumière*, a cargo de Schmouel Ouziel, Verdier, 1997.
20. M. Cordovero, *op. cit.*

Tercera parte
Trata el método y los momentos de estudio, y se divide en cinco capítulos:
  I. Los tiempos de estudio son tripartitos, como experimentó el propio Cordovero.
  II. Indicaciones sobre cómo estudiar.
  III. Qué se debe aprender y a qué obras dedicarse.
  IV. Cómo hay que enseñar a los demás.
  V. Daños que causa quien enseña a personas no dignas.

Cuarta parte
Describe las virtudes únicas de la cábala y está dividida en tres capítulos:
  I. Quien se consagra a la cábala es más grande que los ángeles del servicio.
  II. Quien se consagra a esta ciencia obliga a los ángeles del servicio a loar al Señor.
  III. El valor de los sabios de la cábala es mayor que el de los sabios de la Biblia y de la *Mishnah*.

Quinta parte
Explica que las ventajas de esta ciencia no se encuentran en ninguna otra disciplina de la Torá y está dividida en dos capítulos:
  I. Cuatro virtudes relacionadas con el estudio de la cábala; quien se aleja de él no puede alcanzarlas.
  II. Otras seis virtudes que adquiere el adepto de esta ciencia.

Sexta parte
Esta sexta y última parte se divide en seis capítulos y describe las cuarenta y cuatro premisas indispensables para quien aborda por primera vez la cábala. En el último capítulo se habla de los diferentes nombres que reciben algunos conceptos cabalísticos importantes.

Primera parte

En la primera parte se rebaten las afirmaciones de quienes desatienden la ciencia cabalística, creyendo que puede causarles daño. Es significativo que en las primeras líneas del prólogo se destaque que Cordovero había combatido contra los que afirmaban: «¡Seas joven o seas viejo, no te acerques a la santa ciencia de la cábala!».

Como se ha visto en otro capítulo, esta indicación que permite estudiar la cábala a los jóvenes choca con la costumbre, vigente en ese periodo, de no introducir a un discípulo en la cábala antes de haber llegado a la edad de cuarenta años. Se trata, sin embargo, de una prohibición contingente, vinculada con situaciones históricas concretas; de hecho, es el periodo del famoso caso de Shabbetay Zevi y no una prohibición absoluta.

En el primer capítulo, Cordovero explica que ha identificado tres grupos de personas que no toman en consideración la ciencia cabalística. El primero está compuesto por aquellos que no creen en un sentido esotérico de la Torá y que rechazan totalmente la ciencia cabalística. Por lo tanto, niegan tanto la existencia de distintos niveles de conocimiento, ocultos en la Torá, como la teoría de las *sefirot*, lo que viene a contradecir el concepto supremo de la Unidad de Dios. Su posición es de crítica total hacia los sabios que se ocupan de estas cuestiones, de quienes se burlan y a quienes consideran casi apóstatas. En este grupo hay algunos estudiosos que parecen estar de acuerdo con la cábala, pero lo hacen sólo superficialmente, porque en su fuero interno no creen en absoluto en ella.

El pecado cometido por los que denigran la cábala es grave. En efecto, no sólo niegan el valor del estudio y del conocimiento del esoterismo contenido en la Torá, sino que, además, enseñan a negarlo y disuaden a los demás del estudio de una disciplina que es fundamental para la santificación del mundo. Por este motivo, Cordovero termina el capítulo diciendo: «Ellos alejan la expansión de *Hockhma* y de *Binah*, que habría tenido que producirse en *Tiferet* y en *Malkhut*, y, por consiguiente, provocan la regresión del mundo al estado de *tohu* y *bohu*, como era la tierra en el momento de la Creación, 'una landa desierta', conducen a la pobreza y, finalmente, alargan el tiempo del exilio».[21]

En el segundo capítulo se reproducen fragmentos importantes del *Zohar*, obra que, como es tradicional, Cordovero atribuye a Shimon bar Yohai; en concreto, se cita *Zohar* III, 152 a. La importancia de la visión esotérica de la escritura no debe ser subestimada. Después de explicar que los ángeles, cuando llegan a la tierra, para existir en el mundo terrestre, tienen que cubrirse necesariamente con los hábitos de este mundo, Cordovero señala que el *Zohar* dice lo mismo también de la Torá: «Si, descendiendo de este modo, ella no asumiera una vestimenta adecuada, el mundo no sería capaz de regirla. Por este motivo, las narraciones de la Torá no son más que los vestidos, y quien crea, respecto a esta vestimenta, que por sí sola representa la verdadera Torá, ¡que su alma desaparezca! No participará en el mundo futuro».

En el tercer capítulo se presenta una nueva categoría de detractores de la cábala. En este caso no se trata de hombres que niegan su valor intrínseco, sino de personas que, pese a loar la alta ciencia que contiene esta disciplina, niegan que hoy alguien sea capaz de aprenderla o de enseñarla. Insisten en que sólo una minoría muy restringida puede tener acceso a sus enseñanzas. De nada sirve la objeción de Cordovero, según el cual, en la antigüedad, eran muchos los que la practicaban: los detractores replican que la gran santidad de estos antiguos padres no se puede comparar con la cortedad de los hombres de la época.

Objeciones posteriores se basan en el hecho de que para poder aprender los secretos de la cábala se necesita un buen maestro, que ya no existe entre los hombres, o que para poder afrontar su estudio, hace falta estudiar antes otras disciplinas como la astronomía.

Cordovero prosigue subrayando que estos sabiondos no tienen derecho alguno a loar la cábala, ni siquiera a hablar de ella, porque no la conocen: sería como pe-

---
21. M. Cordovero, *op. cit.*, p. 53.

dir a quien no ha visto nunca la luna que la describiera, en lugar de pedírselo a quien sí la ha visto.

La opinión de Cordovero es clara: todo el mundo tiene derecho a iniciarse en la cábala, ya que cada ser humano lleva dentro de sí mismo una partícula divina: «El Señor es parte de mí, mi alma es una partícula que viene de lo alto, de Dios, y yo soy digno de la palabra divina, como cualquier ángel del servicio, es más, incluso más que ellos».[22]

En el cuarto capítulo se habla de quien deja de lado la cábala porque teme cometer errores graves. En el fondo, podría verse como una actitud meritoria, si no fuera porque sus actuaciones no lo son. Reproduciendo un pasaje del *Bahir*, se destaca que el hombre que consigue separarse de sus asuntos de cada día para consagrarse enteramente a la *Obra del Carro* es recibido por Dios como si hubiera estado rezando todo el día.

El caso discutido es el del significado de las palabras del *Libro del Bahir* respecto a la loanza y la plegaria: se reflexiona sobre el motivo por el cual el texto bíblico contiene la forma «Plegaria del profeta Habaquq», en lugar de «Loanza del profeta Habaquq», puesto que lo que sigue no es una plegaria. Se trata de uno de los primeros comentarios al *Libro del Bahir*: se defiende la teoría de que el sentido del texto es que el profeta debe descuidar las partes de la Torá que tienen que ver sólo con aspectos de este mundo, para dedicarse exclusivamente a estudiar la *Obra del Carro* (dicho de otro modo, la vía mística). Para poder rezar de verdad hace falta dedicarse al aspecto esotérico de la Escritura.

Volviendo a la cuestión de quien se aparta de la cábala por miedo a equivocarse, Cordovero afirma que el hombre intenta conocer la *Obra del Carro*, pero, al ser tan elevada, corre el riesgo de que esta le induzca al error. Sin embargo, al mismo tiempo, sería una caída que debería ser considerada meritoria. Por lo tanto, no tiene sentido alegar que uno no quiere dedicarse a la cábala para no caer en el error.

Los temas analizados en este cuarto capítulo se repiten en el siguiente, con la autoridad que deriva del *Zohar (Libro del Resplandor)*. La pericope (breve pasaje aislado de un texto) que lleva el nombre de *Qedoshim* aclara más adelante que el error en la interpretación de la Torá, debido a la impericia, a la falta de maestro o al hecho de tomar caminos equivocados, no comporta, de por sí, la condena del estudioso, más bien al contrario. Dios tiene en gran consideración a este tipo de personas, que, pese a todas las dificultades, hacen lo que está en su mano para estudiar e interpretar la Torá. Al fin y al cabo, el problema no serán ellos, sino los posibles seguidores, que se encontrarán siguiendo caminos equivocados. Este tipo de personas, que se hallan en el error, a pesar del celo empleado, es similar a algunas plantas que crecen junto al río de la verdad: no son la verdad, pero tienen una utilidad. Naturalmente, si el seguidor estudia la Torá sin cometer errores y sin desviarse, tiene más mérito, en este mundo y, especialmente, en el otro.

El *Zohar* es indulgente con quienes puedan incurrir en interpretaciones erróneas, diciendo al respecto: «A pesar de todo, cada uno debe aprender la Torá de

---

22. M. Cordovero, *op. cit.*, p. 61.

quien sea, también de quien no sabe, porque gracias a esto se iniciará en la Torá y luego aprenderá de alguien que sepa, y entonces seguirá la Torá según el camino correcto».

En el sexto capítulo Cordovero, después de haber hablado en el capítulo anterior de quienes dejan de lado o abandonan esta ciencia, describe a los distintos tipos de estudiosos interesados en la cábala. Distingue tres grupos de personas: los que se equivocan por falta de preparación, los que se equivocan por culpa de poca motivación y los que son meritorios en el estudio.

La primera categoría de personas está formada, afortunadamente, por un reducido número de personas, especialmente contemporáneos, que se equivocan porque adolecen de fundamentos para abordar seriamente el estudio: no conocen la Biblia, la *Mishnah*, el Talmud. El resultado de sus búsquedas es negativo porque se detienen en la superficie, en la interpretación material, sin entender que lo que leen son alegorías, y porque, con su ejemplo, alejan de la verdad a muchas personas que serían dignas de estos estudios.

Cordovero aporta un concepto que toma de los *Tiqquney Zohar*, según el cual hay una escala a seguir en el estudio: primero se debe ser maestro de la Biblia, luego de la *Mishnah* y, por último, de la tradición esotérica. Esta primera categoría de personas estaría compuesta por quienes se dedican al estudio del esoterismo saltándose los dos niveles anteriores, que son fundamentales para abordar correctamente el último nivel. Para expresar mejor esta idea, Cordovero recuerda la famosa parábola del astrónomo que, absorto en el estudio de las estrellas, no ve el pozo que tiene bajo sus pies y cae en él. Es necesario, pues, que el que desea ser maestro cuente con estudios serios y una vida recta (sobre este tema, véase la tercera parte de este libro).

El grupo de las personas que caen en el error a causa de bajas motivaciones está formado por sabios que tienen muchos conocimientos en otros campos y que, por lo tanto, no desdeñan dedicarse también a la cábala, aunque en un grado claramente superficial. Creen que son capaces de abordar este estudio solamente porque se han dedicado a muchas otras disciplinas. Este planteamiento es fruto de dos comportamientos incorrectos: el orgullo y la falta de interés por el estudio.

Por último, el grupo de los meritorios está formado por los que siguen el recto camino, conocen la Biblia, el Talmud y la *Mishnah*, y tienen una actitud desinteresada hacia el objeto de estudio. Cordovero es optimista sobre sus destinos y está convencido de que, siguiendo el recto camino, lograrán éxitos cada vez más importantes. El Creador les desvelará misterios cada vez más profundos, que quizá nunca hayan sido aclarados: ¡cada alma tiene una parte especial en la Torá!

Segunda parte

En el primer capítulo de la segunda parte de *La Dulce Luz*, Cordovero habla sobre la obligación del sabio de estudiar la cábala, que forma parte de las ciencias metafísicas. Partiendo del mandamiento «Yo soy YHWH, tu Dios», analizado a fondo por Maimónides en su obra *Mishney Torah*, Cordovero reconoce la exigencia de conocer al Creador según las capacidades intelectuales de cada uno.

De este mandamiento se pueden extraer muchas conclusiones. Ante todo, se pone en evidencia la existencia de Dios como el primer aspecto fundamental; en segundo lugar, se destaca la soberanía de Dios, y, en consecuencia, su acción respecto a la Creación, y, posteriormente, la existencia del hombre, que se halla en una relación de subordinación con respecto a la Divinidad que lo ha creado.

El primer punto tiene una importancia fundamental: es necesario reconocer que existe un Dios Señor del Universo (que lo ha creado). Reconocer es un término que implica la necesidad, ante todo, de «conocer» (sólo si se conoce, después se puede reconocer). Por lo tanto, resulta esencial poner en marcha todos los mecanismos necesarios para el estudio, la identificación y el conocimiento de la Divinidad, que debe ser conocida en el máximo grado por parte de cada ser humano, con el límite de sus capacidades. Del mismo modo que Adán conoció a Eva (de forma íntima, directa, total), el hombre debe esforzarse por hacer lo mismo Dios.

Cordovero subraya que Dios quiere que el hombre lo reconozca y lo entienda de manera perfecta, según las capacidades del intelecto.

Partiendo de otro verso de la Biblia, «Conoce el Dios de tu padre y sírvelo», Cordovero afirma que para servir a Dios es necesario conocerlo. Esto implica estudiar el modo en que gestiona el mundo a través de sus *sefirot*, una misión que es imposible llevar a cabo sin dedicarse a conocer la cábala.

En este mismo capítulo Cordovero se refiere a algunos pasajes de Maimónides, que interpreta según su visión personal del filósofo. Cuenta que, según Maimónides, el versículo de la Biblia «Yo soy YHWH, tu Dios» requiere conocer «el modo en que Dios, mediante su poder, pone la esfera en movimiento y en que dirige (toda la Creación) con ella».

LOS CABALISTAS CRISTIANOS

La cábala cristiana constituye un movimiento propio dentro del desarrollo de esta disciplina. Es el resultado del encuentro de tres tendencias fundamentales: la primera está orientada hacia una modificación parcial de algunos temas cabalísticos para una posible lectura cristiana, llevada a cabo por autores hebreos deseosos de aproximar de algún modo aspectos de las dos religiones.

La segunda tendencia está formada por autores convertidos al cristianismo y que, por consiguiente, leen los textos desde una óptica diferente, aunque con el objetivo de hacer proselitismo entre los correligionarios que mantienen la fe judía. Este es el caso de algunos personajes importantes como Nicola di Lira, Pablo de Heredia, Raimundo Guillermo Moncada, maestro de Pico de la Mirandola, y Raimondo Marini.

Forman la tercera tendencia autores cristianos que, movidos por la necesidad de encontrar un patrimonio esotérico común que sirva para aproximar hebraísmo, cristianismo y saber antiguo (pitagorismo, gnosticismo, etc.), encuentran en las riquezas de la cábala un terreno fértil para progresar en la búsqueda esotérica. Desde esta perspectiva algunos autores cristianos se dedican a realizar estudios sobre los números y la permutación de las letras, de probable origen cabalístico muy remoto. Dos de los nombres más significativos de esta corriente son Ramon Llull y Arnau de Vilanova, importantes espagíricos y alquimistas.

El primer personaje de relieve que tuvo la posibilidad de acceder a textos cabalísticos hebreos, traducidos expresamente para él del hebreo y el arameo al latín, fue Juan Pico de la Mirandola. En los años en que Pico y los otros autores más próximos al mundo cabalístico, como Reuchlin y Agrippa, publicaron sus obras, igual que ocurriría en siglos posteriores, la evolución de la cábala cristiana estaba relacionada con otros nombres importantes del esoterismo occidental, como el cardenal Egidio di Viterbo (1465-1532), autor, entre otras, de *Scechina*; el franciscano Francesco Giorgio di Venezia (1460-1541), que escribió *De harmonia mundi* y *Problemata*, con importantes referencias al *Zohar*; el estudioso francés Guillaume Postel (1510-1781), que tuvo el mérito de traducir al latín el *Zohar* y el *Sefer Yetzirah*, y, por último, el alemán Widmanstadius.

Partiendo de los estudios de Boehme, que abrieron el camino a la discusión de los temas filosóficos, tan próximos a los cabalísticos, aunque es difícil encontrar una descendencia directa histórica del sistema de la cábala de Boehme, en el siglo XVII aparecieron obras de la máxima importancia, como la *Kabbala denudata*

Christian Knorr von Rosenroth, *Kabbala denudata*. El autor escribió dos obras famosas sobre la cábala cristiana: *Kabbala denudata seu doctrina Hebraeorum trascendentalis et metaphysica*, que se conserva en la Bibliotheca Philosophica Hermetica (BPH) de Ámsterdam en la edición de Sulzbach, Abraham Lichtenthaler, 1677, y *Kabbalae denudatae tomus secundus. Id est Liber Sohar restitutus*, que se conserva en la misma biblioteca en la edición de Fráncfort, Johan David Zunner, 1684 (BPH)

de Christian Knorr von Rosenroth (1677-1684), que, además de los textos del *Zohar*, contiene el sistema cabalístico de Luria.

¿Se puede considerar a los autores cristianos verdaderos cabalistas? Desde luego, la respuesta no es fácil. Si respetamos el criterio que hemos seguido al principio, llegaremos a la conclusión de que los cabalistas cristianos no se pueden comparar con los de tradición hebrea directa, ya que no se basan exclusivamente en la Torá, el Talmud, los *Midrashim* u otros textos cabalísticos para valorar los textos de las escrituras. La mayor parte de los autores cristianos, o, mejor dicho, no hebreos, se basan en otras referencias culturales, a las que se añade el conocimiento de técnicas y conceptos cabalísticos.

Reuchlin es el ejemplo clásico. A pesar de haber estudiado en profundidad muchos temas cabalísticos y de saber hebreo, aúna cábala y pitagorismo, y de esta mezcla obtiene una nueva disciplina muy interesante y productiva que, no obstante, no puede identificarse con la cábala hebrea.

Si analizamos el pensamiento de Pico de la Mirandola, nos sorprenderá hasta qué punto conceptos de la cábala son modificados y reinterpretados según una visión típicamente cristiana; es el caso del concepto de Trinidad o de la figura del Mesías, que se deducen, por medio de procedimientos cabalísticos, de los Textos Sagrados o de las obras de los cabalistas.

Si luego abordamos las obras y el pensamiento de los esoteristas europeos del siglo XIX, deberemos reafirmarnos inevitablemente en nuestra opinión: no son cabalistas en el sentido estricto de la palabra, sino personas que añaden lo aprendido gracias a la cábala a sus propias experiencias esotéricas. A menudo, el resultado son interpretaciones fascinantes e imaginativas, pero desviadas, en mayor o menor grado, de la experiencia de los cabalistas del pasado.

Por otra parte, la idea que configura la base de los estudios esotéricos de muchos de quienes se han dedicado a estas disciplinas, a lo largo del siglo XIX y a principios del XX, es que en estos textos antiguos se habría conservado un conocimiento primordial superior, de tipo mágico y científico, capaz de hacer revivir en el hombre que tiene acceso a él capacidades casi sobrehumanas.

Por tanto, a la luz de todo ello, resulta difícil no compartir la opinión de muchos estudiosos de tradición hebrea que niegan cualquier valor cabalístico a las experiencias de los estudiosos de la cábala no hebreos (Gershom Scholem realiza algunas excepciones entre los nombres más significativos).

Por otra parte, también es verdad que el interés por la cábala y el hebraísmo, que empezó a difundirse entre los estudiosos occidentales en la Baja Edad Media, con puntas notables después de la publicación de las obras de Pico de la Mirandola y de Reuchlin, y con la llegada de numerosos hebreos procedentes de la península Ibérica, contribuyó tanto a la difusión de conceptos típicamente cabalísticos en el pensamiento occidental, como a la mejora de la idea que los sabios occidentales podían tener acerca del saber hebreo en general. La amplia difusión, dentro del restringido círculo de sabios de la época, del conocimiento del arameo y del hebreo (considerado el primer idioma que habló el hombre y la lengua sagrada por excelencia de la literatura hebrea de los siglos precedentes, conocida por algunos de nuestros autores gracias a traducciones del pensamiento cabalístico en general, preparadas expresamente en latín o en la lengua original) permitió que se imprimieran y se difundieran obras importantes sobre los Textos Sagrados. Así, se publicaron Biblias políglotas y surgió un renovado fervor intelectual, que crearon un ambiente cultural ecléctico formado en la escuela del neoplatonismo, del pitagorismo y de la propia cábala.

No debemos olvidar la importancia de las enseñanzas de Boehme, cuyos alumnos consideraban que se encontraba muy próximo a las ideas de la cábala, hasta el punto de que esta interfería en su sistema teosófico.

Un típico ejemplo del eclecticismo de aquella época es John Dee, que, en su obra *La mónada jeroglífica*, parece encarnar al esoterista nuevo, impregnado de las enseñanzas tradicionales: en él, las distintas escuelas de pensamiento ya no se diferencian, aunque cada una de ellas ha aportado su contribución específica. Dee utiliza el propio término *cabalista* para referirse al esoterista que analiza los secretos de la naturaleza mediante los jeroglíficos (imágenes simbólicas, astrológicas, mágicas) y el estudio de las relaciones matemáticas y analógicas.

Juan Pico de la Mirandola

Pico de la Mirandola nació en Mirandola, Italia, en el año 1463. En 1477 estudió derecho canónico en Bolonia y, a continuación, cursó estudios de filosofía en sus numerosos viajes (Pavía, Ferrara, Florencia, Padua); en Pavía, además, estudió griego. En 1484, en Florencia, formó parte del círculo platónico de Marsilio Ficino.

Después de pasar un año en Francia, se propuso someter sus tesis filosóficas al examen de una comisión de expertos que se convocaba en Roma, con el objetivo de elaborar una *pia philosophia* capaz de poner fin a las luchas entre las distintas escuelas filosóficas.

Estudió hebreo y arameo, y profundizó su conocimiento sobre la cábala, tomando por maestro a un judío convertido, Raimundo Guillermo Moncada, llamado Flavio Mitrídates.

En 1486 publicó *Conclusiones philosophicae, cabalisticae et theologicae*, obra en la que intentó demostrar que las distintas escuelas no están en contradicción. La introducción, que posteriormente fue titulada *De hominis dignitate*, es uno de los textos más importantes del humanismo.

Acusado de herejía, Pico de la Mirandola huyó en busca de refugio a Francia, en donde, contrariamente a lo que esperaba, fue arrestado. La intervención de Lorenzo el Magnífico le permitió regresar a Italia y dedicarse a escribir sus obras más importantes: *Heptalus* (1489), un comentario a los primeros versículos del Génesis; *De ente et uno* (1492), y las *Epistolae*, una compilación de enseñanzas para el nieto de Giovanni Francesco (1492). Fue precisamente este quien intercedió por él ante Lorenzo el Magnífico para que llamara a Florencia a Savonarola.

Pico de la Mirandola murió en Florencia, probablemente asesinado, en el año 1494. Su última obra, *Disputationes adversus astrologiam divinatricem*, fue publicada después de su muerte, en 1496.

A través de la cábala, que Pico empezó a dar a conocer, se propuso demostrar la compatibilidad de estas antiguas enseñanzas con la filosofía de Platón y Pitágoras, así como con la doctrina cristiana. Su influencia en los humanistas de los años siguientes fue notable: durante un viaje que realizó a Florencia, Reuchlin quedó profundamente impresionado por los estudios de Pico sobre la cábala y de-

PICO DE LA MIRANDOLA Y LA CÁBALA

Pico desarrolló un papel determinante en la introducción de la cábala en los medios culturales no judíos. De hecho, fue el primer autor occidental cristiano que se entusiasmó con los conocimientos secretos que transmiten los textos cabalísticos, que él consideraba obras que ya antiguamente estaban presentes en los textos bíblicos revelados y correspondientes a las enseñanzas esotéricas de Moisés.

Son especialmente importantes las palabras que escribió en *Apología*, una obra preparada para la defensa de sus novecientas tesis, que empezaban a sembrar el desconcierto en la época: «Es necesario saber que (no sólo según rabí Eliazar, rabí Moisés de Egipto, rabí Shimon ben Lagis, rabí Ismael, rabí Jodah y rabí Nachiman, y muchos otros sabios judíos, sino también según nuestros doctores, como demostraré más adelante) Dios dio a Moisés en la montaña, además de la ley que fue puesta por escrito en el Pentateuco, la auténtica explicación de la ley con la manifestación de todos los misterios que están contenidos bajo la corteza y la superficie burda de las palabras. Esta doble ley, literal y espiritual, es la que recibió Moisés de Dios con la orden de poner la primera por escrito y comunicarla al pueblo, pero de abstenerse de poner por escrito la segunda y confiarla sólo a los sabios en un número de setenta, elegidos por Moisés por orden de Dios con el fin de conservar la ley. Moisés hizo a estos sabios la misma recomendación de no escribirla, sino de revelarla de viva voz a sus sucesores para que estos, a su vez, hicieran lo propio. Esta manera de transmitir esta ciencia por vía hereditaria, es decir, recibiéndola de un maestro, es lo que ha dado a esta ciencia el nombre de cábala, que significa recepción».*

* F. Secret, *I Cabbalisti Cristiani del Rinascimento*, Arkeios, Milán, 2001, p. 30.

cidió perfeccionar el hebreo, idioma que estudió con éxito y sobre el que publicó una gramática que tuvo mucha difusión.

LAS CONCLUSIONES CABALÍSTICAS

Las conclusiones forman parte de las novecientas tesis propuestas por Pico de la Mirandola sobre la unidad sustancial del saber antiguo y moderno, y sobre la posibilidad de diálogo entre las distintas religiones.

Pertenecen al primer grupo de cuatrocientas tesis las cuarenta y siete proposiciones (*Secundum secretam doctrinam sapientum hebraehorum*) extraídas de obras de cabalistas hebreos y al segundo grupo de quinientas tesis, las setenta y dos conclusiones cabalísticas propiamente dichas (*Secundum opinionem propiam*), en las que Pico expone su propia interpretación, cristiana y neoplatónica, de las enseñanzas de los cabalistas.

Presentamos un breve resumen de las conclusiones más interesantes de las setenta y dos *Secundum opinionem propiam*, partiendo de la edición comentada de Edoardo Fornaciari.[23]

Las conclusiones empiezan con una declaración importante, que se repite en varios puntos del texto: «Independientemente de lo que afirmen los otros cabalistas...». Pico de la Mirandola es consciente de que presenta una interpretación propia del saber cabalístico, más auténtica por ser, en el fondo, cristiana. Esta expresión es recurrente y aparece reforzada en la conclusión V: «Cualquier judío cabalista que siga los principios y la letra de la ciencia de la cábala está obligado inevitablemente a admitir la Trinidad y las personas divinas, Padre, Hijo y Espíritu Santo, sin añadidos, disminuciones o variaciones, tal como está asumido por el cristianismo».[24]

La certeza es tal, que Pico de la Mirandola considera que, incluso si alguien no creyera en la Trinidad, al admitir los principios cabalísticos se vería abocado a descubrirla.

En la conclusión VI, Pico destaca que los nombres de Dios indican las varias personas de la Trinidad: *Eheyeh* (Soy/Seré), el Padre; el tetragrama *YHWH* (nombre impronunciable de Dios), el Hijo, y *Adonai* (Señor), el Espíritu Santo. El nombre de Jesús mismo (tesis VII), *Yeshu*, significaría, según la cábala: «Dios hijo de Dios y sabiduría del Padre por vía de la tercera persona de la Divinidad, que es fuego ardiente de amor».[25] La conclusión IX presenta el cálculo del fin del mundo, que habría tenido que producirse el 8 de diciembre de 2000, quinientos catorce años y veinticinco días después del momento en que Pico escribía las tesis (fueron publicadas en noviembre de 1496).

Las conclusiones XI y XIII son importantes para el concepto de éxtasis, la vía mística que comporta la separación momentánea, en este mundo, del alma y el cuerpo (la muerte a través del beso, única forma descriptiva admitida para referirse a la relación mística entre criatura y Creador). Es un camino que debe ser recorrido en soledad y con una particular atención, porque si se comete un error se corre el riesgo de ser dilacerado por el demonio Azazel.

Las conclusiones XIV, XV y XVI introducen la importancia de la letra hebrea shin. Primera letra de la palabra *sabbat* (sábado), indica el inicio de la paz y del reposo. Puesto que también se utiliza en el centro del nombre de Jesús *(Yeshu)*, esta letra da un significado particular al nombre del Salvador; el mundo no alcanzó la paz hasta que *Jod* se juntó con *W*, es decir, con Jesucristo, verdadero Dios y verdadero hombre.

La conclusión XX es especialmente interesante. Pico de la Mirandola analiza la palabra hebrea *Az* (entonces) y la considera indicativa de la Trinidad. La letra

---

23. Pico della Mirandola, *Conclusioni Cabalistiche*, Mimesis, Milán, 1994.
24. Pico de la Mirandola, *op. cit.*
25. Pico de la Mirandola, *op. cit.*

álef está constituida por dos puntos separados, el Padre y el Hijo, y por una barra oblicua, el Espíritu Santo, que los une y al mismo tiempo los mantiene separados. La Trinidad indica también las tres primeras *sefirot*. La segunda letra de la palabra, zayn (z), señala el número 7, que son las *sefirot* restantes, la totalidad de la Creación.

Las conclusiones XXII-XXIV encuentran en la tradición cabalística la prefiguración del Sacrificio del Hijo de Dios por los pecados del hombre, la idolatría y el mal.

En las conclusiones XXXII y XXXIV se continúa hablando de la Trinidad. En el primer caso, se parte del término *'ish* (hombre), atribuido en ciertos casos a Dios (hombre soldado) e interpretado como un acrónimo de *Eheyeh shabbat YHWH*, Aquel que es (será) restituido *shabbat Adonai* (el tetragrama). En el segundo caso, el pronombre *hw'* (Él), referido a Dios, es interpretado como h (el Espíritu Santo), waw (el árbol de la vida, el Hijo), álef, el principio.

La conclusión XXXVII es muy interesante desde el punto de vista de la interpretación de las *sefirot*: Pico de la Mirandola afirma que Abraham vio a Jesús y gozó de él, aduciendo la posición de la segunda *sefirah* (*Hokhmahm*, Sabiduría), arriba, a la derecha, para quien mira el árbol sefirótico, posición que se identifica con Jesús, inmediatamente encima de *hesed*, que significa «piedad», pero también «el día de Abraham».

La conclusión XLI aborda el problema de la escritura inusual de la M *(mem)* en el versículo 9, 6 de Isaías, en la expresión *lemarbeh* («para acrecentar, incrementar»). Al estar dentro de la palabra debería haberse escrito con el trazo inferior abierto a la izquierda, ya que esta letra se escribe cerrada sólo en posición final de palabra. La anomalía suele interpretarse como si se quisiera indicar un término, un cierre, y para Pico de la Mirandola se trata de la conclusión después de la llegada del Mesías, con el envío del Espíritu Santo.

La conclusión XLVIII identifica las diez *sefirot* con las Esferas Celestes: *Hesed*, Júpiter; *Gevurah*, Marte; *Tif'eret*, Sol; *Nesah*, Saturno; *Hod*, Venus; *Yesod*, Mercurio; *Malkhut*, Luna; *Hockhmah*, estrellas fijas; *Binah*, Primer Móvil, y *Keter*, Empíreo.

La conclusión LVI explica cómo transformar el tetragrama, deduciendo el nombre de Dios de setenta y dos letras. Si se considera el valor numérico de cada letra de *YHWH*, tenemos 10/5/6/5. Si a continuación las sumamos del modo siguiente: 10 + (10 + 5) + (15 + 6) + (21 + 5), obtenemos el número 72, equivalente al nombre de Dios.

Pico escribe: «Quien sea capaz de transformar el número 4 en el número 10 podrá deducir, si es un experto en la cábala, a partir del nombre inefable, el nombre de 72 letras».[26] La transformación del 4 en 10 se realiza asignando a cada letra del tetragrama el valor numérico de la posición de cada una de las letras: yod 1, he 2, w 3, h 4. A continuación, se suman el primero y el segundo (1 + 2 = 3), se suma el tercero (3 + 3 = 6) y luego el cuarto (6 + 4), y se obtiene 10.

---

26. Pico de la Mirandola, *op. cit.*

En la conclusión siguiente, la LVII, se hace un razonamiento análogo. En ella Pico destaca que la relación entre las letras, sus valores numéricos y las distintas relaciones matemáticas que existen entre ellas constituyen uno de los puntos clave de la visión mística de la escritura.

Las conclusiones LIX, LX y LXI utilizan técnicas combinatorias de las letras para subrayar verdades cristianas importantes, deducidas por vía cabalística. Concretamente, la conclusión LIX afirma que «la letra bet realiza con la primera letra el primero; con la letra media, el medio, y con las últimas, los últimos». El significado es el siguiente: bet, segunda letra del alfabeto hebreo, unida con la primera, álef, genera el término *Ab* (Padre); la letra media es nun (es la media si se utiliza el alfabeto de veintidós letras más cinco consonantes finales), que da el término *Ben* (Hijo); con la dos últimas letras, shin y taw, se forma la palabra *shabbat*, sábado (periodo de paz y de fiesta).

La conclusión LX indica, por el contrario, la posibilidad que tiene el contemplativo de entender por qué la Torá empieza con la letra bet: esta es la letra con la que empieza la palabra *Ben* (Hijo), por lo cual aglutina el inicio y el fin (el alfa y el omega) del mundo.

La conclusión LXV aplica la técnica de la gematría a la palabra *Amén*. La suma de los valores numéricos de cada una de las letras es: $1 + 40 + 50 = 91$, que es también la suma de los números correspondientes al tetragrama ($10 + 5 + 6 + 5 = 26$) y al nombre de Dios *Adonai*, Señor ($1 + 4 + 50 + 10 = 65$). De este modo, tenemos una correspondencia tanto con *Malkhut* (correspondiente al nombre de Dios *Adonai*) como con *Tif'eret* (correspondiente al nombre inefable de Dios, el tetragrama, *YHWH*).

La conclusión LXVII parte de la presuposición de una interpretación, no del todo pertinente, del término *shammaym* (cielos), como compuesto de *esh* (fuego) y *maym* (agua): de este modo se afirma que los cielos están compuestos de fuego y agua.

La conclusión LXX subraya la exigencia de un vínculo profundo con la Divinidad por parte de quien lee la Torá sin puntuación (es decir, sin las vocales, los signos distintivos de las distintas pronunciaciones de las consonantes y las variantes de la lectura): la enorme dificultad que entraña este tipo de lectura, reservada solamente a quien oficia en la sinagoga, requiere una fuerte unión con la dimensión espiritual superior y permite, al mismo tiempo, captar nexos muy libres y precursores de nuevos descubrimientos en el texto.

La conclusión LXXII plantea una comparación entre astrología, como indagación matemática y racional del cosmos, y cábala, entendida como disciplina que enseña a indagar en el libro de la Torá.

Johannes Reuchlin

Johannes Reuchlin, filósofo, jurista y cabalista, nació en Pforzheim en el año 1455. Estudió en varias ciudades: Friburgo, París, en donde aprendió griego, Basilea, ciudad en la que se licenció en Filosofía, y Poitiers, donde se licenció en Derecho en 1481.

En 1482 acompañó, en calidad de secretario, a Eberardo el Barbudo, duque de Württemberg, a Roma y otras ciudades italianas. En Florencia contactó con Lorenzo el Magnífico y Pico de la Mirandola, que lo inició en los secretos de la cábala.

En los años siguientes estudió intensivamente hebreo y escribió el diálogo *De verbo mirifico* (1494), obra en la que destaca la superioridad de la lengua hebrea por la fuerza y potencia de sus letras y de sus combinaciones.

Muerto Eberardo, se trasladó a Heildelberg para ejercer de preceptor de los hijos del elector palatino Felipe (1496). Posteriormente se estableció en Stuttgart, en donde trabajó como triunviro del colegio jurídico de la Liga Sueba.

En otro viaje a Roma encontró una Biblia hebrea, que estudió con la ayuda de un rabino, y alcanzó un nivel tan alto de conocimiento del idioma que en 1506 publicó la primera gramática hebrea escrita fuera del ambiente judío, *De rudimentis hebraicis*.

Intervino como juez en la disputa sobre la destrucción de los libros hebreos que no pertenecían a la Biblia, defendiendo que la acción había sido un atentado contra la propiedad privada, y por ello fue acusado por la Inquisición.

En 1513 Reuchlin publicó *Defensio contra calumniatores* y fue apoyado por el senado de más de cincuenta ciudades de Suabia. En 1517 publicó una de sus obras más famosas, junto con la gramática hebrea: *De arte cabalistica*. Fundamental para la difusión de la cábala durante los siglos siguientes, esta obra es significativa, porque está escrita en forma de diálogo entre los representantes de las tres religiones (un hebreo, un cristiano y un musulmán), que discuten tranquilamente en condiciones de igualdad.

Reuchlin murió en Bad Liebenzell, Württemberg, en el año 1522.

DE ARTE CABALISTICA

Según algunos autores, la obra *De arte cabalistica*, publicada en 1517, es «la aplicación del programa propuesto por Juan Pico de la Mirandola en su célebre *Oratio de hominis dignitate*».[27] Esta obra apareció dos años después de la publicación del primer intento de exponer sistemáticamente los conceptos de la cábala, redactado por el judío convertido al cristianismo Paulus Ricius.

De arte cabalistica tuvo mucho éxito, sobre todo después de que se incluyera en *Artis cabalisticae, hoc est reonditae theologiae et philosophiae scriptorum tomus*, de J. Pistorius, publicada en 1587. Esta obra fue de gran importancia para muchos esoteristas del siglo XIX, ya que a partir de ella personajes como Eliphas Lévi y Papus estudiaron los secretos de la cábala.

De arte cabalistica es una continuación, a grandes rasgos, de *De verbo mirifico*, publicada en 1494, pero presenta diferencias importantes. Ambas obras constan de tres partes y están escritas en forma de diálogo. *De verbo mirifico* contiene los diálogos del epicúreo Sidonio, el hebreo Baruchias y el cristiano Capnion, el pro-

---

27. De la introducción de F. Secret a la obra *La Kabbale*, de Johannes Reuchlin (Archè, Milán, 1995).

> **DE ARTE CABALISTICA: LOS NOMBRES DE DIOS Y LA TRINIDAD**
> «Hay otros cabalistas que siguen especulaciones todavía más elevadas, que trascienden la Creación y las criaturas. Estos se quedan sólo en la Emanación de la Divinidad. Su comunicación, en santidad, del Nombre santo de 12 letras y del Nombre de 42 letras, a los hombres más dignos y consagrados a Dios con el voto del silencio, aparece tradicionalmente en el *Sefer Igeret ha-sodot (Libro de la letra de los secretos).*
> »Rabí Hakados, respondiendo a la pregunta del romano Antonino acerca de los Nombres santísimos, dice que del tetragrama desciende el nombre de 12 letras *Ab, Ben, We ruah ha-qados:* Padre, Hijo y Espíritu Santo. El nombre de 42 letras, que se deriva de él, se pronuncia de este modo: *Ab Elohim, Ben Elohim, Ruah ha-qados Elohim:* Dios Padre, Dios Hijo, Dios Espíritu Santo, tres en uno y uno en tres».*
>
> * J. Reuchlin, *op. cit.*, libro III.

pio Reuchlin. En *De arte cabalistica* encontramos los diálogos que mantienen el pitagórico Filolao el Joven, Marrano (musulmán convertido) y el hebreo Simón. Esta última obra, en la dedicatoria inicial al papa León X, se presenta como un intento de reconstruir la filosofía simbólica de Pitágoras, tal como otros habían hecho en relación con la cultura clásica (entre ellos, Marsilio Ficino, Vespucci, Landino, Poliziano y Pico de la Mirandola).

Reuchlin describe así el contenido de la obra: «En todos estos razonamientos yo no afirmo nada en mi nombre, y me limito a reproducir las opiniones de dos infieles, Filolao el joven, un pitagórico, y Marrano, un mahometano, que vinieron a escuchar al hebreo Simón, experto en la cábala, y que por diferentes caminos se encontraron en una posada de Fráncfort».[28]

Johannes Reuchlin, *De arte cabalistica*, Hagenhau, 1517 (BPH)

28. J. Reuchlin, *op. cit.*

Los viajeros, después de comer, se presentan, y empieza así la exposición de los temas.

Uno de los aspectos más interesantes de las obras de Reuchlin es su teología del nombre de Dios, que cambia y va completándose en el transcurso de la Revelación.

Antiguamente, durante el periodo de los patriarcas, Dios recibía el nombre de *Shaday* (שדי); más tarde, con la transmisión de la Torá a Moisés, Él se da a conocer como YHWH, con el tetragrama, nombre impronunciable; finalmente, con la llegada de Jesús, Dios se revela con un nombre de cinco letras, es decir, con el tetragrama al que se le añade una letra, la *shin* (que indica el Logos), que hace pronunciable el tetragrama: YH(Sh)WH, *Yehoshua*, Jesús.

AGRIPPA DE NETTESHEIM (HEINRICH CORNELIUS)

Estudioso alemán, médico, jurista, de cultura enciclopédica y espíritu independiente, Agrippa de Nettesheim nació en 1486 en Colonia.

A la edad de veinte años se licenció en Letras y continuó estudiando varias disciplinas: derecho, medicina y teología. Dominaba varios idiomas y, más que por el deseo de conocer mundo, viajó por Europa debido a las continuas persecuciones que sufría. Este hecho contrasta enormemente con la estimación y el respeto incondicionales que le profesaban monarcas, altos prelados, hombres de ciencia y filósofos.

Al acabar sus estudios estuvo en España y, en 1509, en Francia, en donde enseñó teología.

Sus posiciones teológicas, respetuosas e innovadoras a la vez, provocaron la reacción negativa de los franciscanos, que ordenaron su expulsión de la ciudad en donde vivía.

En los años siguientes vivió en Londres, Colonia e Italia; en este último país pasó un total de siete años dedicados a la enseñanza, concretamente en Pavía y Turín.

En 1519, siendo alcalde de Metz, logró que el obispo detuviera la acusación de brujería que el Gran Inquisidor había vertido sobre una campesina. La fuerte oposición que encontró le obligó a abandonar la ciudad.

Más tarde estuvo en Friburgo, en donde ejerció de médico, luego en la corte de Luisa de Saboya, en donde fue médico personal de la regente, y finalmente residió cuatro años en Lyon.

La obra *De incertitudine et vanitate scientiarum et artium* fue quemada en 1531 por orden de la Facultad de Teología de la Sorbona.

En aquellos mismos años Agrippa trabajaba en otra obra, *De occulta philosophia libri tres*, que empezó a publicar en Bonn en 1532, con la fuerte oposición de la Inquisición.

Años después, el filósofo estuvo en Lyon, en donde fue encarcelado por Francisco I y posteriormente liberado. Se refugió en Grenoble, en donde murió en el año 1535.

Las obras

De todas las obras que se le atribuyen (más de veinte, alguna de las cuales seguramente son apócrifas), la más importante y conocida es *De occulta philosophia libri tres*, publicada en su edición completa en 1533, un volumen en folio de seis páginas no numeradas y trescientas sesenta y dos páginas numeradas. En ella no figura el nombre del editor, sino sólo la fecha de edición: julio de 1533.

La publicación costó a Agrippa luchas durísimas con el senado de los magistrados de la ciudad de Colonia, que había recibido la acusación de herejía formulada por un monje de la Inquisición. Estas reacciones resultan a todas luces condenables, pero comprensibles si se lee atentamente *De occulta philosophia*: la obra, que está dividida en tres libros, aborda el tema de la magia desde un punto de vista tradicional e iniciático.

No se trata de una compilación de supersticiones antiguas, si bien estas también aparecen, sino de un texto de alta magia que hace hincapié, ya desde el principio, en la preparación del «mago». Este debe estar investido con la iluminación espiritual que le ha transmitido su maestro, después de haberse purificado en una línea de maduración y expansión espiritual. Sin este paso inicial, ninguna obra puede ser considerada de verdadera magia, ya que se queda en simple brujería y está condenada al fracaso.

El primer libro trata sobre la magia natural. Después de un preámbulo en el que define la magia (ciencia superior que reúne física, matemáticas y teología), Agrippa habla de los elementos, de sus relaciones, de las correspondencias, de los influjos astrales, de las características y de los poderes ocultos de las cosas, de las fumigaciones, de los ungüentos, de las fascinaciones, de los encantamientos, de los vaticinios y de la fuerza de la palabra.

En el segundo volumen, dedicado a la magia celeste, los primeros veintiocho capítulos tienen una importancia fundamental y tratan sobre el número, la relación, la música y la proporción. A continuación, se abordan temas astrológicos.

El tercer libro está dedicado a la magia ceremonial.

Agrippa y la cábala

A partir de Pico de la Mirandola, y gracias especialmente a la obra de Reuchlin, el pensamiento cabalístico logró convertirse en una clave para entender los misterios del cosmos. Esto es válido sobre todo para la magia de las letras y de los números, para el conocimiento de los nombres de Dios y de sus poderes mágicos, y para los nombres de las inteligencias angelicales.

No debe extrañarnos, pues, que Agrippa bebiera de estas enseñanzas y que estos temas fueran objeto de análisis en su obra más importante: *La filosofía oculta o la magia*.

En la base de todo está el número, que Agrippa considera el fundamento del mundo natural y de la propia magia. Si todo ha sido formado a partir del número, es evidente que este ha de tener grandes poderes: «Los números tienen propiedades altísimas y elevadísimas, y, puesto que las cosas naturales encierran poderes ocultos tan grandes y en tan gran medida, no hay que sorprenderse de que en el número se substancien poderes todavía mayores, más ocultos, más maravillosos y más eficaces, ya que son más formales y más perfectos, innatos en los cuerpos celestes, mezclados con las sustancias separadas y por ello dotados de una grandísima y simplicísima mezcolanza con las ideas de la mente divina, de donde reciben sus propiedades más eficaces [...]. Pero todavía hay más, todo lo que existe y se hace subsiste por el poder de ciertos números».[29]

Es evidente que no está refiriéndose a los números tal como los podemos leer o pronunciar: «Naturalmente aquí no se trata del número natural, sino de la razón formal que está en el número, y hay que tener presente siempre que no en los números hablados y en las cuentas, sino en los racionales formales y naturales, se distinguen y están contenidos estos sacramentos de Dios y de la naturaleza».[30]

Agrippa, en su estudio de los números, unitario, binario, ternario y así sucesivamente, presenta unas escalas que reflejan el número en los diferentes mundos: mundo arquetipo, intelectual, celestial, elemental, menor, infernal. Así, por ejemplo, tendremos una escala de la unidad, en donde al mundo arquetipo le corresponde la letra hebrea yod (י), la más simple del alfabeto hebreo (en la práctica, un punto que se desarrolla en una coma), que representa la esencia divina, fuente de todas las virtudes y potencias. Al mundo intelectual le corresponde el alma del mundo; al mundo celestial, el sol; al mundo elemental, la piedra filosofal; al mundo menor, el corazón, y al mundo infernal, Lucifer.

La escala se repite para cada número, hasta la del duodenario (doce). En el mundo arquetipo cada escala empieza siempre con palabras hebreas: la escala del binario, con los nombres de Dios compuestos por dos letras, *Jah* y *El* (יה - אל); la del ternario, con el nombre de Dios compuesto por tres letras, *Shaday* (שדי); la del cuaternario, con el nombre inefable de Dios, el tetragrama, *YHWH* (יהוה). En el mundo intelectual encontraremos, aparte de otras categorías de ángeles y santos, cuatro ángeles que presiden los puntos cardinales de la tierra, Miguel, Rafael, Gabriel y Uriel, además de los cuatro jefes de los elementos: Seraf, Cherub, Tharsis y Ariel, todos escritos con sus nombres hebreos. También están en hebreo los cuatro elementos (fuego, aire, agua y tierra) y los nombres de los cuatro príncipes de los demonios nocivos de los elementos. En la escala del quinario (cinco) tenemos, en el mundo arquetipo, los nombres de Dios de cinco letras y el nombre de Jesucristo de cinco letras, y así sucesivamente.

El análisis de los números prosigue, como ya se ha dicho, hasta el doce, con las escalas, y después se describen brevemente las características específicas de los números siguientes.

En el capítulo XIX Agrippa presenta el alfabeto hebreo y sus correspondencias numéricas (véase el capítulo sobre la lengua hebrea). Se señala la imposibilidad

---

29. E. C. Agrippa, *La Filosofia Occulta o La Magia*, libro II, Mediterranee, Roma, 1991 (ed. esp.: *Filosofía oculta, magia natural*, Alianza, Madrid, 1992).

30. E. C. Agrippa, *op. cit.*, libro II, capítulo III.

de formar el número 15 yuxtaponiendo el número 10 al 5: las dos letras formarían el nombre divino *Yah* (יה), un hecho que no se puede aceptar, para evitar que el nombre de Dios sea utilizado para indicar cosas profanas. Por tanto, la combinación correcta para 15 es 9 + 6 (שו).

En el capítulo XXII encontramos una serie de tablas numéricas relacionadas con los planetas y escritas con cifras y letras hebreas.

En los capítulos XI y XII de la tercera parte de la obra, titulada *Magia cerimoniale*, tienen una importancia particular las conexiones con la cábala: en el primero de los dos capítulos se habla de los nombres divinos y de sus poderes; en el segundo se trata el tema del poder de los nombres divinos sobre las cosas del mundo material por obra de los mediadores (ángeles).

En el capítulo XI se destaca que los distintos nombres de Dios no indican diferentes Divinidades, sino diferentes propiedades que emanan de Dios mismo: los nombres actúan como canales a través de los cuales las energías divinas llegan al mundo.

Los nombres de las propiedades emanadas de Dios son muchos y los cabalistas llegan a identificar hasta setenta y dos, que corresponden al nombre divino de setenta y dos letras. Muchos nombres, divinos o angelicales, han sido encontrados por los cabalistas examinando los versículos de las Escrituras, de los cuales suprimen algunas letras, por ejemplo las primeras de cada palabra. Así, obtendremos el nombre *Agla* (אגלא) eliminando la primera letra de cada palabra del versículo «Tú eres fuerte eternamente, Señor mío» (*'atta gibbor l'olam 'adonai* / לאולם אדני אתה גיבר).

Finalmente, en el capítulo XXV se presenta el modo en que los cabalistas extraen el nombre de los ángeles de la escritura, utilizando tablas de conmutación de letras y números.

Cornelio Agrippa sigue siendo, todavía hoy, una referencia importante para cualquier estudioso del esoterismo. Su tratamiento completo y exhaustivo de temas tradicionales, considerados esenciales, permite formarse una idea muy precisa de la visión del mundo del pensamiento tradicional.

Tal como se ha visto, las intuiciones de Agrippa sobre los números y sobre la cábala tuvieron una gran importancia, porque fueron comunicadas a un público tan culto como amplio, como atestigua la difusión que tuvo su obra. A pesar de las persecuciones de las que fue objeto, sin contar la fama de nigromante, Agrippa fue un defensor acérrimo de la libertad de pensamiento y de prensa, aunque se posicionó al lado de la tradición en el tema del secretismo sobre aspectos que podrían ser problemáticos si se transmitieran a quienes no fueran dignos de ellos o no estuvieran preparados.

Giordano Bruno

El filósofo y mago Filippo Bruno, hijo de Giovanni Bruno y Fraulissa Savolino, nació en Nola (Italia) en enero o febrero de 1548. Adoptó el nombre de Giordano cuando, a los diecisiete años, entró como novicio en el convento de Santo Domingo Mayor, en Nápoles.

En 1568 viajó a Roma y dedicó a Pío V el tratado perdido del *Arca de Noé*. En 1572 fue ordenado sacerdote en Nápoles y en 1575 fue nombrado lector de teología en el convento de los dominicos.

Acusado de herejía, en especial por leer las obras de Erasmo de Rotterdam y por sus opiniones heterodoxas sobre la Trinidad, en 1576 huyó a Roma, en donde fue investigado por ser sospechoso de haber arrojado al río Tíber a otro fraile dominico.

Después de colgar los hábitos, viajó a Génova, enseñó gramática y astronomía en Nola, estuvo en Savona, Turín, Bérgamo, Brescia y Venecia, y posteriormente, en 1578, en Ginebra, en donde abrazó el calvinismo, en Lyon y en Tolosa, en donde recibió la nominación de *magister artium*.

En 1581 fue a París y el año siguiente publicó *De umbris idearum*, *Cantus circaeus, ars memoriae*, dedicado a Enrique III, *De compendiosa architectura et complemento artis Lullii* y la comedia *El candelero*.

Entre 1583 y 1585, vivió en Londres; allí fue huésped del embajador del rey de Francia y, durante algunos meses, enseñó en Oxford, ciudad de la que fue expulsado, acusado de plagiar a Marsilio Ficino. Todavía en Inglaterra, en 1583 publicó *Ars reminiscendi*, *Sigillus sigillorum* y *Explicatio triginta sigillorum*, y el año siguiente, *La cena del miércoles de ceniza*, *De la causa principio et uno*, *De l'infinito universo et mondi* y *La expulsión de la bestia triunfante*.

En 1585 publicó *Cábala del garañón como Pegaso con la adición del asno de Cilene* y *De los heroicos furores*. Siguió una breve estancia en París, recordada por la polémica con Fabrizio Mordente y los peripatéticos.

En agosto de 1586 se trasladó a Alemania, primero a Marburgo y después a Wittemberg, en cuya universidad impartió clases. Entre 1588 y 1589 vivió en Praga y publicó muchas otras obras, entre las que destacan *De Magia*, *Theses de Magia* y *De Magia Mathematica*. Ese mismo año, en 1589, fue excomulgado por la Iglesia luterana. En 1590 viajó a Fráncfort y publicó los poemas latinos *De triplici minimo*, *De monade numero et figura* y *De immenso et innumerabilibus*.

En 1591, después de una breve estancia en Zúrich, volvió a Fráncfort y publicó *De imagine signorum*. Por invitación de Giovanni Mocenigo, que deseaba que le enseñara el arte de la mnemotécnica, viajó a Padua y Venecia. Allí su anfitrión le denunció por hereje y, en 1592, fue arrestado y procesado por la Inquisición. En un primer momento, Bruno se declaró dispuesto a retractarse, pero, después de muchas discusiones en el senado véneto, fue trasladado ante la Inquisición General de Roma.

El segundo proceso duró de 1596 a 1599. Bruno se declaró dispuesto a abjurar, pero el 21 de diciembre se negó a retractarse de sus tesis y el 20 de enero, por orden del pontífice, fue entregado definitivamente a la justicia secular. Giordano Bruno murió en la hoguera el 17 de febrero de 1600 en Campo de' Fiori.

La visión mágica

Giordano Bruno estaba convencido de que la magia era una disciplina lícita e importante, con capacidad de actuar en varios niveles. En un fragmento sobre la religión de los egipcios en su obra *La expulsión de la bestia triunfante*, escribió: «Esta (la magia), en cuanto que trata sobre principios sobrenaturales, es divina; en cuanto que trata la contemplación de la naturaleza e investiga sus secretos, es natural».

Numerosas obras de Giordano Bruno están dedicadas al tema de la magia: *De Magia mathematica, De Magia naturali, Theses de Magia, De vinculis, De rerum principiis, Medicina Lulliana* y *Lampas triginta statuarum*. Esta última es quizá la obra más significativa y presenta la visión dinámica del mundo mágico de Bruno a través de treinta conceptos básicos de la magia, como si fueran treinta estatuas. La obra tiene la apariencia de un compendio filosófico-mágico que se propone esclarecer los misterios del universo, partiendo de las realidades sensibles y de las imágenes fantásticas, hasta alcanzar conocimientos universales que son causa y principio de todas las cosas particulares.

De las obras que acabamos de citar, destaca, por la claridad de los conceptos tratados, *De Magia naturali*, publicada en 1589. Giordano Bruno reinterpreta algunos elementos de la tradición, y el cuadro general que expone responde a la interpretación de la magia que también ofrecen otros autores. Son importantes las definiciones que propone de las distintas formas de magia: identifica nueve tipos, claramente diferenciados.

LAS NUEVE FORMAS DE MAGIA

La primera forma identifica al mago con un sabio (*Magnus primo sumitur pro sapiente*); en la práctica, un auténtico científico dotado de una comprensión particular de las leyes del cosmos.

La segunda forma, en cambio, define al mago como aquel que realiza acciones maravillosas por medio de la aplicación de principios activos y pasivos, como ocurre con la medicina y la alquimia. En este caso, se trata de magia natural (*naturalis magia*).

La tercera forma de magia es el arte de la prestidigitación.

La cuarta forma es la interacción magnética entre las cosas, causada por la presencia del espíritu (o alma), como en el caso del imán; se trata de otro tipo de magia natural.

La quinta forma, que se denomina oculta o matemática, utiliza sellos, números, imágenes, etc. y se sitúa a medio camino entre la magia natural y la extranatural.

La sexta forma añade a la quinta la invocación de entidades demoniacas, como dioses, héroes o demonios, para recibir el espíritu evocado o bien, y en este caso se trata de teúrgia o magia transnatural o metafísica, para conseguir que unos espíritus controlen a otros. Bruno realiza una descripción irónica del primer tipo de este arte y afirma que se trata de un saber que puede ser fácilmente evacuado, juntamente con el espíritu, con una simple purga (*facile pharmaco una cum spiritu possit evacuare*).

La séptima forma es la nigromancia, el arte de interpelar a los difuntos por medio de los demonios utilizando un cadáver o una parte de este. En el caso de que

LAS IMÁGENES INTERPRETADAS A LA LUZ DE LA CÁBALA

Las obras de Giordano Bruno estuvieron fuertemente influenciadas por las de Ramon Llull, que probablemente tuvo la oportunidad de conocer el pensamiento cabalístico.

Giordano Bruno da especial importancia a los procesos mentales que utilizan figuras, letras y números, porque los considera el único modo posible de aproximarse al mundo metafísico, en el que se encuentran las ideas producidas por la Divinidad. Prueba de ello es la enorme importancia que adquieren las imágenes en sus obras impresas: realizadas casi siempre por él mismo, son objeto de explicaciones o valen por sí mismas como tal.

Las imágenes casan perfectamente con la visión del mundo elaborada por el filósofo. Para Bruno el mundo consta de tres partes: la dimensión netamente metafísica, dominio de Dios, de las inteligencias angelicales y de las ideas (arquetipos); el mundo material, en el que las ideas adquieren forma física, y, finalmente, el mundo de la percepción humana en el que, por medio de los sentidos y especialmente de la vista, el hombre tiene la posibilidad de recibir la imagen de las cosas creadas (no se trata, no obstante, de las ideas en ellas mismas, sino de la imagen sensible de su traducción material).

Aquello con lo que podemos contar los hombres no son las ideas del mundo metafísico ni las cosas del mundo físico, sino sólo la sombra de dichas ideas, que es lo que nuestro organismo puede capturar (como imagen de las cosas), catalogar, memorizar, recordar.

Mediante procesos de abstracción cada vez mayores, el hombre tiene la posibilidad de reconstruir, gracias a la imaginación y la fantasía, ideas que se aproximan a las simples y abstractas del mundo metafísico.

Una obra de Giordano Bruno sobre medicina, en la que reproduce un tratado de tema similar de Llull, destaca por su interés: partiendo de las relaciones entre casas (astrológicas), letras, condiciones climáticas y fases de la enfermedad, Bruno crea un instrumento mecánico capaz de representar las relaciones mutables entre los parámetros considerados.

Otras obras similares enlazan directamente con una tradición, probablemente de origen cabalístico, además de clásico, que demuestra que determinados conceptos y métodos de investigación habían penetrado en la cultura europea desde una época antigua (sigo XIV) y se habían difundido entre los hombres cultos del humanismo y el Renacimiento.

falte la materia prima, el mago, que se denomina despectivamente energúmeno, pronuncia una serie de encantamientos con el fin de interpelar al espíritu que habita en las vísceras; este mago también recibe el nombre de pitoniso, de Apolo Pitio, porque los sacerdotes de Apolo utilizaban este sistema en el templo del dios.

La octava forma, importante por los efectos negativos que puede tener sobre otros seres vivos, es la que profesan los maléficos. Estos, además de encantamientos, utilizan prendas de vestir, excrementos, sobras de comida y «todas aquellas cosas que se considera que pueden haber estado en contacto con una persona» *(et omnia quae tactu communicationem aliquam concepisse creduntur)*. El objetivo es invalidar, sujetar o hacer enfermar; no obstante, cuando estas artes se utilizan a fin de bien, se asimilan a un tipo de medicina.

La novena forma de magia es la adivinación, que puede ser de distintos tipos. Hay adivinos que utilizan diferentes materiales y practican la piromancia (adivinación a través del fuego), la hidromancia (adivinación a través de la observación del agua) y la geomancia (adivinación a través de la tierra).

John Dee

Astrónomo, científico y astrólogo, hijo de un miembro relevante de la corte real, John Dee nació en Londres en 1527. Después de estudiar en el St. John's College, en Cambridge, se trasladó a los Países Bajos y se licenció en la Universidad de Lovaina. Tras pasar un breve periodo en Inglaterra, fue profesor de la Sorbona de París (1550); después volvió a Inglaterra, y consiguió el apoyo económico del rey Eduardo para dedicarse a sus estudios astrológicos. Sus grandes conocimientos de astrología le llevaron a cultivar amistades entre los personajes más poderosos de la época, como María Tudor, Isabel I y Maximiliano II de Bohemia, pero también le procuraron grandes enemigos, que lo acusaron de nigromante.

En los años siguientes viajó por Europa hasta que, en 1571, compró una casa a orillas del río Támesis.

John Dee sentía una pasión especial por la cristalomancia; por eso, cuando un misterioso joven le entregó un cristal convexo, se dedicó a la comunicación con la otra dimensión. Para conseguirlo, recibió la ayuda de un personaje de dudosa reputación, Edward Kelly, falsario y alcohólico, que le declaró que poseía poderes de visionario y le contaba lo que veía en el valioso cristal. En 1583, Dee y Kelly viajaron a Polonia y fueron acogidos por el príncipe palatino de Lasky. Allí se dedicaron a la alquimia y a la magia. Luego viajaron de ciudad en ciudad (en Praga conocieron al emperador Adolfo II y en Cracovia, al rey Esteban) proclamando que podían operar transmutaciones.

En 1589, ya alejado de la influencia de Kelly, que moriría en 1595 víctima de un accidente, Dee volvió a Inglaterra, y la reina le concedió el puesto de director del colegio de Manchester. Transcurridos siete años, volvió a su casa de Mortlak para dedicarse a la videncia y la astrología, aunque sus detractores no dejaron de acusarle nunca de nigromante. John Dee murió sumido en la pobreza en el año 1608.

La Mónada Jeroglífica

La Mónada Jeroglífica, publicada en Londres en 1564, describe las características de la famosa mónada ideada por John Dee y elevada a símbolo del esoterismo. Se presentan, en veinticuatro teoremas, las características de esta figura, que reúne la quintaesencia del conocimiento secreto del cosmos.

En esta obra se hace referencia en varios momentos a los cabalistas, término que Dee utiliza para designar a los esoteristas que utilizan una forma de especulación filosófica basada en planteamientos matemáticos y geométricos.

La mónada, en sí misma, es relativamente simple: está compuesta por el Sol, la Luna, la cruz que simboliza los cuatro elementos y el fuego que los separa, incorpora los símbolos de los planetas y de los elementos, y respeta proporciones muy importantes desde el punto de vista matemático-esotérico.

El saber cabalístico de Dee se da por descontado, aunque surge la sospecha de que no sea directo, sino a través de las obras de Agrippa, Pitágoras y Reuchlin. Por ejemplo, cuando Dee hace referencia al cuaternario (1 + 2 + 3 + 4 = 10) como un conocimiento cabalístico, asociado con el saber tradicional pitagórico, se percibe que su conocimiento cabalístico se basa sobre todo en las obras de la tradición mágica y esotérica precedente. Por otra parte, en el inicio de la obra hace muchas referencias a la tradición cabalística.

JACOB BOEHME

Jacob Boehme nació en 1575 en el pueblo de Alt Seidenberg, en las proximidades de la ciudad de Goerlitz, en el seno de una familia de campesinos probablemente originarios de Bohemia. Después de haber aprendido a leer y a escribir en el colegio público de Seidenberg, en el que se trataban con rigidez los valores religiosos, entró como aprendiz en un taller de zapatería.

Realizó un periodo de peregrinación por Alemania y en 1595 trabajó en Goerlitz en un taller de calzado como ayudante, hasta que cuatro años más tarde fue nombrado maestro zapatero. Contrajo matrimonio

LA MÓNADA JEROGLÍFICA

«Teorema I. Mediante la línea recta y el círculo es como pueden ser demostrados los ejemplos primeros y más simples de representación de todas las cosas, tanto si estas cosas existen o no, como si sólo están ocultas bajo el velo de la Naturaleza.

»Teorema II. No es posible reproducir artificialmente ni el círculo sin la línea, ni la línea sin el punto. Por lo tanto, es por virtud del punto y de la Mónada que todas las cosas empiezan a emerger al principio. Lo que está influenciado en la periferia, por grande que pueda ser, en modo alguno puede prescindir del apoyo del punto central.

»Teorema III. Por este motivo, el punto central que vemos en el centro de la Mónada jeroglífica produce la Tierra, alrededor de la cual el Sol, la Luna y los otros planetas siguen sus respectivos recorridos. El Sol tiene la máxima dignidad y lo representamos con un círculo que tiene un centro visible».*

* J. Dee, *The Hieroglyphic Monad*, Londres, 1564 (ed. esp.: *La mónada jeroglífica*, Obelisco, Barcelona, 1992).

con la hija de un carnicero, con la que tuvo un total de cuatro hijos (seis, según otras fuentes).

Al parecer, siendo todavía joven, conoció a un misterioso personaje que entró en el taller de su amo a comprar un par de zapatos caros. Este personaje le invitó a que lo acompañara a la calle y allí le reveló que él podría ser un gran hombre y le incitó a estudiar la Biblia. Después de este encuentro, Boehme vivió algunos momentos fundamentales de iluminación, fruto también de su dedicación a la práctica de la filosofía mística. Según algunos autores, fueron unos años de intensa vida espiritual.

Sea como fuere, las etapas más importantes de su evolución tuvieron lugar en 1600, cuando adquirió una capacidad superior de comprensión espiritual de la realidad, y en 1610, año en que una nueva iluminación le permitió entender el orden divino de la Creación. A continuación, siguió un periodo de intensa producción literaria. Entre 1612 y 1624 escribió más de treinta libros de temática espiritual y teológica, fruto de una comprensión directa, intuitiva e inspirada de las dimensiones celestiales y humanas.

Cuando estaba a punto de terminar el primero de estos escritos, *Aurora*, sufrió duros ataques del párroco de Goerlitz, Gregorius Richter, que presionó al Consejo de la ciudad para que lo expulsaran o lo condenaran por hereje. En un primer momento, los miembros del Consejo condenaron a Boehme al exilio, pero posteriormente decidieron su readmisión a condición de que les entregara la obra y se abstuviera de escribir nada más.

Boehme obedeció durante unos años, pero finalmente volvió a escribir y a publicar numerosos libros. En 1623, la obra *Camino a Cristo* provocó de nuevo la ira del párroco y el Consejo de la ciudad se vio obligado a expulsar otra vez al místico, que, en 1624, se instaló en Dresde. Poco tiempo después de haber terminado su última obra, *Tablas sobre la manifestación divina*, enfermó gravemente y murió el 20 de noviembre de 1624.

La visión espiritual

En su aparente simplicidad, Jacob Boehme alcanza metas casi inimaginables en el ámbito de la espiritualidad humana. Todo pasa a ser comprensible: ya no existe ningún misterio para el hombre que ha elegido el camino de Dios. Pero ¿cómo es posible? ¿De qué forma se puede materializar esta gran revolución interior que modifica el modo en que el hombre ve e interpreta el mundo? La respuesta es igualmente simple: convirtiéndose en templo del espíritu.

Cuando el hombre reniega de su propia individualidad e intenta imitar al Salvador, Jesucristo, que renegó de sí mismo para cumplir únicamente la voluntad del Padre, se pone de parte de Dios. La existencia deja de ser un misterio y se convierte en un espejo de propósitos divinos. Las relaciones de causa-efecto, el sentido de la vida, la propia materia, todo se vuelve transparente e inmediatamente accesible.

Boehme deja de lado cualquier indecisión y emprende el camino de la verdad, en contra de toda forma de hipocresía: no es la consideración externa y vacía de espiritualidad lo que salva al hombre, sino la capacidad de proyectar la figura de Cristo en su corazón. El fariseo que ora de pie, engreído en su aparente gloria ante Dios, debe dejar paso al fiel que humildemente se cuestiona y se da cuenta de la poquedad de su persona.

Agradecido por esta visión del mundo, el fiel penitente Jacob Boehme no opuso resistencia a los ataques del terrible fariseo, el párroco del pueblo que intentaba agredirlo y arruinarlo a cualquier precio, ni tampoco a las presiones del Consejo ciudadano, temeroso de las posibles repercusiones políticas derivadas de la injerencia del estamento religioso en caso de un exceso de tolerancia con el místico.

Cuando el hombre se convierte en canal de la energía espiritual se adecua a la sustancia que lo atraviesa, se vuelve materia dúctil, que participa de la fuerza sutil que pasa sobre su superficie y lo transforma. La alquimia espiritual es potente: sólo experimentando sus transformaciones el hombre puede entender lo que ocurre en su estructura psicofísica. Por este motivo, resulta imposible describir adecuadamente esta experiencia, ya que se trata de un terremoto perturbador que transhumaniza al ser corrompido y decaído, y le lleva a gozar de la luz divina originaria, reconciliándolo, gracias a la acción del Redentor, con el Padre. Entonces cesan la soberbia y cualquier deseo de grandeza o de riqueza: todo recupera su propio equilibrio. El hombre, humildemente, toma el camino del exilio. No contraataca, se defiende con la fuerza de la fe y de la intuición teológica. Continúa la vida de cada día y no pretende llegar a dominar el mundo.

Sin embargo, esta es una actitud que requiere una heroica abnegación: el hombre tiende de un modo espasmódico hacia la voluntad de Dios, aceptándola, adecuándose a ella, e imponiéndose una fuerte disciplina. De hecho, la primera lucha, la más difícil y ardua, la libra consigo mismo.

La visión de Boehme otorga al hombre un papel fundamental, cuando este se une a la voluntad revelada por Dios. Pero cuidado: adaptarse a la dimensión del espíritu no significa que el hombre se convierta en Dios. El hombre pasa a ser como la luna, que no emite luz propia, sino luz reflejada, la del sol. Es una posición próxima a la visión teológica de la Iglesia cristiana ortodoxa. Cuando se dice que «Dios se hizo hombre para que el hombre pudiera hacerse Dios» (San Anastasio) se quiere decir que el hombre se deifica en cuanto que participa de las energías divinas que lo elevan hacia la Divinidad, y no que se convierta en Dios, lo cual es imposible para una criatura. De este modo, el hombre se convierte en receptáculo y canal de la fuerza del espíritu que lo vivifica y lo encumbra a niveles espirituales superiores.

LAS OBRAS

Las obras de Boehme han ejercido una influencia duradera en muchos personajes destacados del esoterismo, como Blake y Yeats. Una de las obras del místico que mejor resumen su visión global es *Sex puncta theosofica*, terminada en 1620.

Los seis puntos teosóficos abarcan todo lo que el hombre debe saber para entender el mundo espiritual, partiendo de la premisa de que tenga los instrumentos para dicha comprensión, puesto que: «La verdadera esencia humana no es terrenal, ni pertenece al mundo oscuro; nace únicamente en el mundo de la luz y no tiene nada en común ni con el mundo oscuro ni con el mundo externo; entre ellos hay un gran límite: la muerte» (*Sex puncta theosofica*, punto V, capítulo VIII).

En la breve obra *Diálogo de un alma iluminada y de un alma sin luz*, de 1624, el místico nos presenta una disputa entre una pobre alma caída del Paraíso y el diablo que intenta convencerla para que abrace la vida de la materia, la posesión, la riqueza y la gloria. El alma sucumbe, pero el encuentro con Jesucristo y, más tarde, con un alma electa, le da la fuerza para rehacerse y luchar con paciencia contra las seducciones del mundo. Este es, sin duda, uno de los escritos más simples de Boehme, pero resulta muy convincente y es aconsejable para todo aquel que se halle en dificultades en el camino hacia el espíritu.

El pensamiento cabalístico y la visión del mundo de Boehme

Algunos conceptos del pensamiento de Boehme parecen reproducir conceptos de la cábala, como por ejemplo el del Hombre Primordial, similar al *Adam Kadmon*, o el del *Ungrund*, muy parecido al *Ein-Sof*. El *Ungrund* no nace en los inicios de la especulación de Boehme, puesto que no entra en su sistema hasta las obras *De signatura rerum* y *Misterium magnum*.

En el tercer capítulo de *De signatura rerum*, que lleva por título *Del gran misterio de todos los seres*, el filósofo presenta ese concepto de la siguiente manera: «Fuera de la Naturaleza Dios es un misterio, es decir, la Nada, porque fuera de la Naturaleza está la Nada, que es un ojo de la eternidad, que no se encuentra en ningún sitio y no ve, ya que es el *Ungrund*, y el mismo ojo es una Voluntad, es decir, una búsqueda de la manifestación para discernir la Nada».*

Por otro lado, es interesante la teoría según la cual el mal se genera dentro de la estructura de Dios, tal como ocurre en el sistema sefirótico de algunos cabalistas. En el pensamiento de Boehme confluyen, igual que en el caso de John Dee, los distintos sistemas filosóficos y esotéricos de la época: neoplatonismo, pitagorismo y cábala, por medio de la lectura de los autores de los que hemos hablado, pero siempre pasando por el cedazo de la experiencia directa del místico.

La enorme influencia de Boehme hizo que, debido a las numerosas semejanzas entre su sistema y el cabalístico, parecidos que no tienen, no obstante, una dependencia histórica demostrada, muchos estudiosos se iniciaran en la cábala precisamente a partir de sus conceptos teosóficos.

* «Ausser der Natur ist Gott ein Mysterium, verstehed in dem Nichts; denn ausser der Natur ist das Nichts, das ist ein Auge der Ewigkeit, ein ungruendlich Auge, das nichts stehet oder siehet, denn es ist der ungrund; und dasselbe Auge ist ein Wille, verstehe ein Sehnen nach der Offenbarung, das Nichts zu finden» (J. Boehme, *De signatura rerum*).

LOS ESOTERISTAS OCCIDENTALES

Los principales esoteristas que han recibido influencias de las enseñanzas cabalísticas, o que han desarrollado teorías en su misma línea, son Martínez de Pasqually, Louis-Claude de Saint-Martin, Stanislas de Guaita, Eliphas Lévi y Papus, entre otros. En este capítulo presentamos sus vidas y obras, destacando los vínculos directos con la cábala.

Martínez de Pasqually

Martínez de Pasqually, fundador del martinismo, nació en Grenoble (Francia), en 1727, en el seno de una familia de origen hebreo español (o portugués), que se había convertido al catolicismo. Según otros autores, sus orígenes deben buscarse en Oriente Medio, quizá en Siria. En cualquier caso, su preparación cultural denotaba el conocimiento directo del hebraísmo, así como de la cultura del Próximo Oriente.

De Pasqually afirmaba haber sido iniciado por maestros desconocidos, que le enseñaron importantes secretos. Después de contactar con la masonería francesa (Gran Logia de Francia), decidió fundar una orden caballeresca y sacerdotal propia, los Electos de Cohen, con el objetivo de restaurar la casta sacerdotal de los antiguos hebreos. Este es un elemento interesante que vincula a De Pasqually con el hebraísmo, porque en el pasado muchos hebreos habían debatido largamente sobre el tema.

Su visión acerca de la misión del hombre se parece, a grandes líneas, a lo que enseñaba el hebraísmo. De hecho, De Pasqually pretendía reconstituir el Hombre-Dios de los orígenes. Según él, Adán había sido un ser humano superior, con grandes poderes y capacidades, al que Dios había puesto como guardia de la cárcel de los ángeles rebeldes. Luego, Adán cayó en el mismo error que los diablos (orgullo y soberbia), se rebeló contra el Creador y fue catapultado a la miserable condición actual. No obstante, con unas prácticas determinadas y una constante mejora espiritual, el hombre todavía puede volver al esplendor original y recuperar la comunicación con las inteligencias angelicales que se mantuvieron fieles al Creador.

En los años 1765 y 1766, De Pasqually conoció en Burdeos al filósofo francés Louis-Claude de Saint-Martin, al que introdujo en la Orden. Las enseñanzas del maestro fueron plasmadas en la obra de Saint-Martin *El libro rojo*, escrito en el año 1768.

En 1773, el filósofo francés, que se había trasladado a Lyon, se convirtió en secretario de Martínez de Pasqually, que murió en 1774 en la isla de Santo Domingo, en donde se había instalado un año antes. La Orden de los Electos de Cohen sobrevivió poco tiempo, ya que en 1778, en París, se fusionó con la Sociedad de Filaletos y con la de los Grandes Profesos.

Las obras fundamentales de De Pasqually son el *Tratado de la reintegración de los seres a sus originales virtudes, poderes y cualidades* y las *Instrucciones a los electos de Cohen*.

La concepción cabalística

Como ya se ha indicado, el hebraísmo constituye un elemento importante del pensamiento de De Pasqually, probablemente un vestigio familiar; de hecho, De Pasqually construye su sistema filosófico sobre el hebraísmo y la cábala. Describe el universo como una emanación de Dios, dentro de la cual hay numerosas jerarquías angelicales. El hombre está a la espera de la Redención, que llegará al final de los tiempos y comportará su vuelta a la dimensión elevada, gracias también a la intervención de los ángeles. Sin embargo, quien conoce los secretos de la cábala dispone de los medios para acelerar este renacimiento espiritual.

Louis-Claude de Saint-Martin

De Saint-Martin es uno de los filósofos y místicos franceses más interesantes de la primera mitad del siglo XVIII.

Nació en 1743 en Amboise, en el seno de una familia noble, pero, después de la muerte prematura de su madre, fue criado por la segunda esposa de su padre, Jean François de Saint-Martin. Estudió en París y se licenció en Derecho; en 1765 optó por la vida militar y fue oficial en el regimiento de Foix, instalado en Burdeos. En esos años conoció a Martínez de Pasqually e ingresó en la Orden de los Electos de Cohen.

En 1768 escribió *El libro rojo*, una obra que resume las enseñanzas de De Pasqually y sus ideas de juventud. Una vez abandonada la vida militar, se instaló en Lyon, acogido por Willermoz, otro miembro de la Orden de Cohen. En aquellos años De Saint-Martin ascendió en la jerarquía de la Orden, fue secretario de Martínez de Pasqually, recibió sus enseñanzas y, en 1775, publicó *De los errores de la verdad*, su primera obra original.

Unos años después de la muerte de Martínez de Pasqually, que tuvo lugar en 1774, la Orden de los Electos de Cohen se fusionó con la Orden de los Grandes Profesos y con la de los Filaletos, con sede en París, y pasó a ser una orden masónica. Esta fusión contó con la desaprobación de De Saint-Martin, quien en 1784 rechazó la invitación a formar parte de esta nueva orden.

En París se relacionó con Madame de la Croix y Madame de Luzignan, quienes le proporcionaron alojamiento. En 1782 publicó *Cuadro natural de relaciones que unen a Dios, al hombre y al universo*, en el que trata el tema de la caída del hombre desde una dimensión espiritual originaria hasta una nueva dimensión material.

En 1787 y 1788, De Saint-Martin viajó a Inglaterra e Italia. En 1788, con motivo de un viaje a Alemania, conoció a Madame Charlotte de Boeklin y al estudioso Rodolphe de Salzmann, que le iniciaron en el estudio del gran místico Jacob Boehme. El contacto con la obra de Boehme representó para él una auténtica revolución interior. En el gran místico alemán De Saint-Martin halló la concreción de las intuiciones de De Pasqually, por lo que se dedicó a estudiar su obra, no sin aprender el idioma hasta un nivel que le permitió realizar la traducción de sus textos.

En el fondo, se trataba de una nueva confirmación del substrato cabalístico de la obra de De Pasqually. Como muchos otros, De Saint-Martin encontró muchas afinidades entre cábala y hebraísmo, filtrados por el pensamiento martinista y por las ideas de Boehme, a pesar de que no haya pruebas directas de una serie de estudios cabalísticos por parte de Boehme.

En 1789 De Saint-Martin escribió *Mi retrato histórico y filosófico*, una autobiografía. En los años difíciles de la Revolución, que le obligaron a trasladarse a otras poblaciones francesas, escribió *El hombre de deseo*, *Ecce homo*, *El nuevo hombre* y otros textos significativos.

Durante esos años el filósofo participó activamente en la batalla entre la visión espiritualista, que él defendía, y la materialista, representada sobre todo por la filosofía de Condillac, que consideraba las sensaciones como fundamento del intelecto. De Saint-Martin siempre encontró apoyo en la obra de Jacob Boehme. Su última obra, *El misterio del hombre-espíritu*, publicada en 1802, está impregnada de las enseñanzas de Boehme y dibuja el posible camino del hombre decaído que, como en los orígenes le aguardaba otro destino, ahora, evolucionando espiritualmente, podría volver a las grandezas iniciales trabajando con voluntad y constancia.

De Saint-Martin murió en 1803 víctima de una hemorragia cerebral. Su vida se apagó en la oración y en paz consigo mismo.

El pensamiento

La revolución del filósofo francés se basa en un replanteamiento del cristianismo relacionado con el pensamiento original de De Pasqually, la fuerte influencia de Boehme y su experiencia espiritual.

El tema principal sigue siendo el de la «criatura caída» que intenta reencontrar el camino para volver a ser lo que era, un tema común a muchas tradiciones antiguas. La novedad consiste en el hecho de que lo que se intenta reconstruir no es tanto un estado de potencia exaltada del hombre, sino una dimensión de equilibrada interacción con Dios. Según la Escritura, en épocas más antiguas Dios «paseaba» con los hombres elegidos. En la práctica, lo que se debe reconstituir es la capacidad de dialogar de nuevo con la Divinidad, sin necesidad de palabras, a través de una serie de intentos que el hombre puede formular por haber sido creado a imagen y semejanza de Dios.

¿Cómo puede el hombre restablecer este vínculo que se rompió con la caída? En primer lugar, con la plegaria, que, al situar al individuo en una posición subalterna con respecto a la Divinidad, a la cual pide una intervención directa, permite que el flujo energético originario lo atraviese: el Yo no es más que un bloqueo de la energía, y disolverlo comporta de nuevo la posibilidad de hacerla fluir libremente. Esto ocurre a través del conocimiento de la propia intimidad; por ello es necesario entrar en uno mismo, reconocer la voz potente que proviene del espíritu, encontrar intelectualmente la unidad de la que se procede.

El hombre puede reconocer la comunión con la Divinidad y revisitar el mundo con una nueva luz, pero no apoyándose sólo en la comprensión del mundo que le llega a través de los sentidos, sino sobre todo mediante la luz interior, traducción en el alma del mensaje que se le transmite desde otro centro, el del espíritu que proviene del Padre.

Las tres operaciones que se debe considerar son: pensar, sentir y querer. El pensamiento adquiere un papel importante porque es capaz de reconocer que algunos conceptos no le llegan desde las sensaciones, sino desde otro centro que sólo puede ser escuchado en el interior.

La plegaria como lanza y escudo

Para De Saint-Martin la plegaria es un instrumento fundamental que ha sido proporcionado al hombre para que actúe sobre sí mismo, sobre su relación con Dios y sobre los demás. Existen dos tipos de plegaria: la mental, que se recita en silencio, y la oral, es decir, la pronunciada en voz alta. A pesar de que ambas son importantes y eficaces, De Saint-Martin sugiere que usemos la plegaria silenciosa para nosotros mismos y la oral sobre todo cuando oremos por los demás. Esta última exige un gran esfuerzo, pero es muy importante, porque es capaz de conseguir que la Divinidad intervenga, a petición nuestra, en favor de aquellos por quienes rogamos.

De Saint-Martin nos incita a rezar continuamente y a no dejar que el cansancio nos venza. Puesto que el mal no deja de actuar, es necesario que oremos siempre, utilizando en este caso sobre todo la plegaria oral, que es un arma de tipo ofensivo, a diferencia de la oración mental, de tipo defensivo.

Durante la plegaria el hombre se focaliza sobre elementos espirituales, sobre sus propios errores y pecados, sobre la acción de Jesucristo el Reparador, y lentamente se crea una verdadera sintonía entre el alma de aquel que reza y los puntos sólidos de la experiencia espiritual. La práctica constante de este ejercicio eleva el nivel espiritual de la persona hasta hacerla vibrar al unísono con la Divinidad.

La importancia del número

El número tiene una importancia particular para De Saint-Martin, que trata el tema en varias obras, pero de forma específica en *Los números*. La visión del número del filósofo es cercana a la de los círculos pitagóricos y a la de De Pasqually. En efecto, no son números matemáticos, como se interpretan actualmente, sino sagrados.

Los diez primeros números (del 1 al 10) tienen la capacidad de representar realmente las características de la Creación, y sus combinaciones analógicas pueden incidir en la materia y en el hombre; también pueden representar situaciones y estados de ánimo espirituales. De Saint-Martin, que fue alumno y secretario de De Pasqually, conoció a fondo el pensamiento de su maestro, en particular las enseñanzas de tradición cabalística y sobre los números.

Eliphas Lévi Zahed (Constant Alphonse Louis)

Eliphas Lévi fue al mismo tiempo un revolucionario, impregnado de ideas políticas de izquierdas, y un esoterista. Hijo de un zapatero, nació en París en 1810. Después de cursar estudios primarios en una escuela católica, estudió en el seminario de Saint-Nicolas du Chardonnet y luego en el colegio de Saint-Sulpice. Aprendió hebreo, circunstancia que condicionó en gran medida su futura visión del ocultismo. Fue ordenado diácono en el año 1835.

Siendo profesor de catecismo para jóvenes, conoció a Adèle Allenbach, una muchacha a la que idealizó profundamente y de la que se enamoró. El padre espiritual de Constant le impuso que, antes de ser ordenado sacerdote, pusiera fin a la relación con Adèle, pero como no consiguió renunciar a su amor por la joven, Constant decidió abandonar la vida religiosa. Debido a esta decisión, que fue considerada precipitada, la madre del joven Constant se quitó la vida. Al encontrarse sin recursos, Constant intentó subsistir trabajando como retratista, al tiempo que colaboraba con grupos socialistas. En 1839 se retiró durante un año a un monasterio benedictino, pero no volvió a la vida clerical.

En 1841 publicó la *Biblia de la libertad*, una obra comunista que lo llevó a la cárcel. Una vez excarcelado, continuó viviendo de la reproducción de cuadros y obtuvo el beneplácito del obispo de Evreux para cambiar su nombre por el de abad Baucourt. En 1845 inició una relación con una menor, Noémie Cadiot, con la que se casó en 1846.

Otras de sus obras de carácter revolucionario le causaron problemas con las autoridades y le llevaron de nuevo a la cárcel. En 1848, durante la Revolución, se presentó como candidato a las elecciones, pero, al no ser elegido, decidió abandonar la política.

Después de que Noémi le dejara por un marqués de edad avanzada, Constant conoció al matemático Jozef Maria Hoehne-Wronski (1778-1853), que había elaborado un sistema en el que filosofía, religión y ciencias se fundían de una manera original. El estudio del sistema de Hoehne-Wronski le llevó a desarrollar una síntesis entre cristianismo, cábala y racionalismo, que se concretizó primero en *Dogma de la magia* y posteriormente en *Dogma y ritual de alta magia* (1856). Constant publicó estas obras con el seudónimo de Eliphas Lévi.

En 1854, durante una breve estancia en Inglaterra, conoció al escritor Edward Bulwer Lytton, que le propuso realizar experimentos de teúrgia que le llevaron a la evocación de Apolonio de Tiana, utilizando el grimorio (libro de fórmulas mágicas) *La clavícula de Salomón*.

En los años siguientes Constant publicó otras obras de temática mágica, entre las que destaca *Historia de la magia*. Constant-Lévi murió en 1875.

Obra y pensamiento

Constant-Lévi, junto con Fabre d'Olivet y Jozef Maria Wronski, es, sin lugar a dudas, uno de los principales redescubridores del ocultismo del siglo XIX.

Su obra, que acoge y reelabora varias influencias (el cristianismo de los años de juventud, el conocimiento del idioma hebreo, el pensamiento matemático de Wronski, la teúrgia de Lytton), marca la vía de desarrollo de la alta magia como conocimiento superior del universo, separada de la nigromancia o de la magia negra.

Lévi llegó a la conclusión de que existe un saber tradicional de tipo mágico, antigua prerrogativa de sacerdotes y magos, que aparece en todas las grandes corrientes de pensamiento (egipcio, asirio, indio, hebreo) y que difiere del pensamiento religioso, con el que a veces incluso mantiene posiciones antitéticas.

Lévi asignó una importancia particular a la cábala, a la que consideraba la madre de todos los conocimientos y a la que hizo remontar hasta el mítico Enoc. Trató esta disciplina de un modo especialmente detallado en la obra *Los misterios de la cábala*.

La magia que interesa a Lévi es una magia de luz, distinta de la baja magia de la que hablaba la gente. En *Historia de la magia*, publicada en 1860, Lévi describe las tradiciones y el desarrollo de la magia, así como sus orígenes (India, Grecia), los orígenes de la magia matemática de los pitagóricos, de la cábala y de las corrientes de magia más recientes en Europa.

A pesar del excesivo entusiasmo romántico de muchas de sus opiniones, Eliphas Lévi tuvo el mérito de preparar el terreno al posterior desarrollo del ocultismo en Europa, también gracias al enorme interés que suscitaba esta temática en los ambientes literarios franceses.

Los misterios de la cábala

Los misterios de la cábala, escrita en 1861, no fue publicada en Francia hasta 1920. El manuscrito había sido redactado por el discípulo predilecto de Lévi, el barón Spedalieri, quien, en 1880, lo cedió a otro discípulo. *Los misterios de la cábala* fue escrita con el deseo de profundizar en la comprensión de un texto importante para la tradición cabalística, la visión del carro del profeta Ezequiel, y de otro texto que puede entrar de pleno derecho en la apocalíptica judía, pese a ser una obra cristiana: *El Apocalipsis de San Juan*.

La primera parte de la obra, titulada *La profecía de Ezequiel*, da una idea de lo que Lévi buscaba en el escrito de Ezequiel: «Hacía cinco años ya que el rey Joaquín con un gran número de judíos estaba en cautividad, cuando Ezequiel, sacerdote e iniciado a los secretos del Templo, que también se encontraba prisionero, escribió su profecía, con el objetivo de conservar, escondidas bajo símbolos tradicionales, las grandes doctrinas de la teología oculta de los hebreos y las llaves de la ciencia universal del antiguo mundo».[31] En este último pasaje encontramos nuevamente el convencimiento, compartido por otros esoteristas de la misma época y también de la actualidad, de que hubo un saber antiguo, transmitido desde la antigüedad, que habría conservado sus raíces más auténticas precisamente en la cábala. La lectura del texto lo confirma: toda la visión del carro de Ezequiel es interpretada como una lección de ciencia antigua y esotérica sobre cómo funciona el mundo y el cosmos.

A pesar de tratarse de una interpretación sugestiva, no deja de ser un juicio personal, ya que sólo mantiene mínimas conexiones con el verdadero significado del texto.

STANISLAS DE GUAITA

Stanislas de Guaita fue un esoterista que, pese a morir joven, tuvo el mérito de contribuir a la difusión de las ideas cabalísticas gracias a su trabajo en las órdenes esotéricas. Nació en 1861 en Dieuze, en la región francesa de la Lorena. Después de haber estudiado en el liceo de Nancy, continuó sus estudios de filosofía primero y de química y medicina después en la Universidad de Burdeos. En esa época publicó versos de inspiración simbolista.

En 1884 conoció las obras de Eliphas Lévi, que para él fueron una verdadera revelación, puesto que encontró en la cábala el camino para desarrollar su propia evolución esotérica. Fruto de estas investigaciones publicó *El umbral del misterio* (1886). La obra se sitúa en un momento especial de la evolución de De Guaita, en el que su actividad despertaba cada vez más interés, y los amigos y conocidos del maestro le rodearon formando una auténtica organización.

En 1887 De Guaita fundó la Orden Cabalística de la Rosacruz, en la que desempeñaba la función de gran maestro. Al cabo de pocos años se produjo una escisión en el seno de la orden, motivada por el discurso de uno de sus miembros, el escritor Josephin Péladan, que propugnaba un cristianismo beato y fanático. Péladan se separó de la orden en 1890 y formó, junto con sus seguidores, una or-

---

31. E. Lévi, *I misteri della Cabalà. L'armonia occulta dei due testamenti contenuti nella profezia di Ezechiel e nell'apocalisse di San Giovanni*, Athanòr, Roma, 1992 (reedición) (ed. esp.: *Los misterios de la cábala*, Humanitas, Barberà del Vallès, 1984).

den propia llamada la Tercera Orden Intelectual de la Rosacruz, una iniciativa exitosa que reunió a muchos miembros.

En los años precedentes, De Guaita había publicado obras significativas, como la trilogía *La serpiente del génesis*, formada por *El templo de Satanás*, *La llave de la magia negra* y un tercer volumen incompleto, *El problema del mal*.

Víctima de una grave enfermedad, De Guaita, aún joven, se vio obligado a recurrir a las drogas para soportar el dolor. Murió a los treinta y seis años.

Papus (Gérard Encausse)

Gérard Encausse, médico y esoterista, nació en La Coruña en 1865. Su padre, un químico de origen francés, y su madre, española, se mudaron a París cuando Gérard era todavía pequeño. Allí, Encausse se licenció en Medicina en 1894, con una tesis sobre medicina filosófica.

De joven se aficionó a la ciencia hermética y pasó largas horas de estudio en las salas de lectura de la Biblioteca Nacional; leyó obras de alquimia, magia y cábala, y profundizó sus conocimientos sobre la obra de Eliphas Lévi. Se interesó también por la ciencia médica de Louis Lucas, de planteamiento hipocrático, pero alternativo con respecto a la medicina oficial de la época. Gracias a estos estudios, aprendió a usar el principio tradicional de la analogía, que utilizó tanto en la práctica médica como en el intento de unificar todas las ciencias en una sola disciplina.

Con apenas veinte años de edad ingresó en la Sociedad Teosófica, pero la abandonó poco tiempo después por la tendencia excesivamente orientalista de las enseñanzas que se impartían.

En 1888, fundó, junto con Lucien Chamuel, la Biblioteca Maravillosa y publicó la revista *L'initiation*. A partir de su encuentro con el marqués Alexandre Saint-Yves, profundo conocedor y heredero de los documentos del ocultista Antoine Fabre Olivet, Encausse empezó su verdadero aprendizaje en el mundo del ocultismo.

Ese mismo año, junto con Saint-Yves, el marqués de Guaita, Josephin Péladan y Oswald Wirth, fundó la Orden Cabalística de la Rosacruz. Después de la muerte de De Guaita en 1897, Encausse se convirtió en el último dirigente de la orden.

La actividad organizativa de Papus no se limitó exclusivamente a esta orden. En 1891, fusionando las tradiciones de dos órdenes anteriores, entonces ya disueltas, la de los Electos de Cohen de Martínez Pasqually y la Orden Rectificada de Saint-Martin de Louis-Claude de Saint-Martin, fundó la Orden de los Superiores Desconocidos u Orden de los Martinistas.

En 1893 Papus se convirtió en obispo de la Iglesia gnóstica de Francia, fundada por Jules Doinel, y posteriormente fue miembro de la Golden Dawn (templo de Ahathoor, París).

En 1894 abrió un ambulatorio médico en la calle Rodin y en 1897 fundó la Escuela de Ciencias Herméticas, en la que esoteristas importantes como Jollivet-Castellot impartieron sus enseñanzas.

El mayor éxito personal de Papus fue ser médico consultor y amigo de la familia del zar.

Durante varios viajes a Rusia realizados entre 1901 y 1906 se ganó la confianza de los soberanos, a quienes transmitió un mensaje ultraterrenal procedente del padre del zar Nicolás, Alejandro III, según el cual el zar iba a morir a manos de revolucionarios.

Las intervenciones mágicas de Papus, que duraron hasta su muerte, poco antes de la Revolución de Octubre, habrían impedido que se cumpliese lo profetizado. Sin embargo, pocos meses después de la desaparición de Papus, en 1916, estalló la revolución y el zar fue asesinado.

Papus murió en París el 25 de octubre de 1916, víctima de una tuberculosis contraída en el frente.

Las obras

Las obras más representativas de Papus son: *Tratado elemental de ciencia oculta* (1888), *Los tarots de los bohemios* (1889), *Tratado metódico de ciencia oculta* (1891), *La ciencia de los magos*, considerada por Encausse como su obra más significativa (1892), *El Zohar* (1895), *La cábala* (1901), *El tarot adivinatorio* (1909) y *Primeros elementos de astrosofía* (1910).

Obras de publicación póstuma son *Tratado metódico y magia práctica* (1932) y *La ciencia de los números* (1934). Aparte de los textos de temática esotérica, Papus publicó varios tratados de medicina sobre la tuberculosis, la obesidad y las enfermedades nerviosas.

Tratado elemental de ciencia oculta

Esta obra, dividida en seis capítulos, es una introducción a las ciencias ocultas. En el primer capítulo se presenta la ciencia de la antigüedad, la verdadera ciencia tradicional, que tiene un valor constante en el tiempo, distinta de las ciencias tal como se entienden hoy en día.

El segundo capítulo aborda el método típico de la ciencia tradicional, la analogía.

El siguiente capítulo trata tanto de la vida, que ha sido dada al hombre para que la transforme en algo más elevado, y del alma, que está presente en el individuo como un germen de la fuerza universal.

A continuación, en el cuarto capítulo, se habla de la alquimia, de la tabla de Hermes Trimegisto y de la numerología.

El quinto capítulo de la obra trata sobre las tablas analógicas, la magia y la astrología.

Por último, el sexto capítulo está dedicado a los pentáculos, que se conciben como una forma sintética de expresión de ideas.

Papus, la ciencia de los números y la cábala

Papus, a través de su incesante actividad organizativa en los movimientos y círculos esotéricos a los que perteneció, así como de su investigación esotérica y de la publicación de los resultados obtenidos, desempeñó una importante función de divulgador de las distintas formas de esoterismo, desde la cábala hasta el saber del antiguo Egipto, pasando por la ciencia de los números. En su presentación de la cábala, Papus no se detuvo en un simple emanacionismo, sino que se esforzó por sintetizar los conceptos cabalísticos en tablas y listados, y examinó también la utilización de términos evocativos.

En la obra *La ciencia de los números*, los números analizados van acompañados siempre de referencias cabalísticas. En concreto, el séptimo capítulo, titulado *Los números y la cábala*, contiene numerosas conexiones con la cábala, como, por ejemplo, la relación de los veintidós primeros números con las letras correspondientes, los nombres divinos y los significados simbólicos, con referencias explícitas al *Sefer Yetzirah*.

Papus estaba convencido de que la cábala es el fundamento de la iniciación occidental: «La cábala, tradición esotérica de los hebreos, cuya doctrina es la base real de la iniciación occidental, concede un amplio espacio a la ciencia de los números. También se puede decir que, dados los estrechos vínculos existentes, en esta tradición, entre los números y las letras, la ciencia de los números es, en realidad, el fundamento mismo de la cábala literal y de la cábala práctica. De hecho, se sabe que cada letra del alfabeto hebreo corresponde a una fuerza espiritual o cosmogónica que, ella misma, está expresada por un número y se halla en relación con un nombre divino».*

* Papus, *La scienza dei Numeri*, Brancato, Catania, 1991, p. 75 (ed. esp.: *La ciencia de los números*, Humanitas, Barberà del Vallès, 1991).

CÁBALA Y DISCIPLINAS MODERNAS

Uno de los aspectos que más sorprenden a quien se interesa por la cábala es la capacidad que tiene esta disciplina de intervenir a varios niveles en el intento de explicar cómo funciona el universo, cómo ha sido creado, las relaciones entre Creador y criatura, etc.

Partiendo de la presuposición de que la Torá es el código genético del universo, a partir del cual fue creado, organizado y mantenido como es, está claro que existe una relación directa biunívoca entre Torá y universo. Conociendo la Torá, será posible entender el estado y la evolución del universo, del mismo modo que, partiendo del universo, será posible remontarse a la Torá, que es su base. Por lo tanto, a partir de la Torá podemos entender cuáles serán y cómo estarán dispuestos en todo momento los ladrillos de la Creación, y en cada ladrillo podremos encontrar siempre algo de la Torá. Si luego analizamos la Torá tomando como base las técnicas de manipulación del código alfanumérico con el que está escrita, estaremos en condiciones de obtener de ella infinitas indicaciones sobre el universo y su dinamismo.

CÓDIGO ALFANUMÉRICO

Todo lo que tiene un nombre es también una secuencia de números, obtenidos a partir de las letras que componen la palabra que lo designa. Así, el nombre inefable de Dios es *YHWH* o 10 5 6 5, cuya suma es 26. Las palabras (o los acrósticos de los versos) pueden tener como resultado de la suma números idénticos a la suma de otros vocablos y, por lo tanto, pueden ser entendidos como equivalentes. Todo el cosmos podría ser representado por infinitas secuencias de números, cada una de estas equivalente a otras y correspondiente a una palabra que designa una cosa.

Sin embargo, no se trata de una cristalización del cosmos en una serie de números, correspondientes a una situación estática del mundo. En la práctica, no sería una fotografía sino, todo lo contrario, una agitación continua de letras/números, movidos por la energía espiritual divina en un sistema extraordinariamente dinámico.

Por extraño que esto pueda parecer, no nos estamos alejando de la tradición cabalística; es más, nos movemos precisamente en su seno.

RADIÓNICA

El término *radiónica* fue acuñado a partir de *radio ed electronics* (electrónica). En efecto, se creía que estos dos principios, la emisión de radiaciones y la corriente eléctrica, intervenían en los procedimientos utilizados.

La radiónica se ocupa del análisis de las condiciones de salud del organismo, de los animales y de las plantas, y del tratamiento de los desequilibrios mediante un reequilibrio de las frecuencias típicas de los órganos y de los cuerpos sutiles del hombre.

La radiónica opera mediante circuitos dibujados, muchos de los cuales tienen precedentes directos en representaciones esotéricas y cabalísticas, o también con máquinas específicas que utilizan energía eléctrica o simplemente la energía vital del organismo. En general, se utiliza un testimonio, una muestra biológica, como por ejemplo sangre, pelos o piel, de la persona que debe ser tratada o analizada, que puede encontrarse a miles de kilómetros de distancia de quien efectúa el análisis o el tratamiento.

Las máquinas tienen unas manecillas (o las más modernas, botones), que se hacen girar hasta que indican secuencias numéricas que corresponden a los órganos del cuerpo humano y sus respectivas enfermedades, pero también a sustancias curativas, cristales y remedios homeopáticos. En la práctica, se puede identificar la frecuencia fundamental de un individuo o de una cosa partiendo de la muestra y operar, desde ese mismo momento, sólo con secuencias numéricas, tanto en la fase de diagnóstico como en la terapéutica.

Así pues, en la radiónica todo elemento es una secuencia numérica, sobre el que se puede operar induciendo variaciones del equilibrio energético de la persona o cosa que recibe el tratamiento.

Como se ha destacado en el capítulo sobre el alfabeto hebreo, también se pueden utilizar con esta finalidad las letras hebreas o las secuencias numéricas que les corresponden, para actuar en el cosmos. En el caso de las letras hebreas, intervienen tanto las denominadas ondas de forma (ondas que no se pueden medir con los instrumentos de medición actuales, pero que sí pueden ser captadas por los radiestesistas/rabdomantes, por medio de los efectos que producen en la materia inerte o en los seres vivos), como el significado simbólico relacionado con las palabras. En el segundo caso, se recurre a la transposición numérica de estos aspectos.

TRATAMIENTO A DISTANCIA Y USO DE NÚMEROS Y SELLOS

El tratamiento a distancia no se aleja del pensamiento mágico de la tradición: importantes alquimistas, como Basilio Valentino, o quienquiera que se escondiera bajo este nombre, y Paracelso, se refirieron a ello explícitamente. La propia tradición de aplicar sobre el cuerpo sustancias que se considera que favorecen la curación o la protección, como el mercurio, indica el conocimiento de los principios de interacción energética entre cuerpos diferentes.

Paracelso entendió claramente los principios de la radiónica. En la obra *Los siete libros de las supremas enseñanzas mágicas*, en referencia al tratamiento de las heridas, se expresó así: «Si te es presentada una herida, tiñe con su sangre un palo de madera y, así ensangrentado, cuando esté seco, sumérgelo en el ungüento. Luego, cada mañana aplica sobre la herida una venda nueva impregnada con la orina del enfermo, y la herida, por grande que sea, se curará sin emplastamientos y sin dolor. De esta manera podrás sanar heridos que se encuentren a veinte millas de distancia, siempre que puedas procurarte una cierta cantidad de sangre del enfermo [...]. Cualquier dolor se alivia si sumerges el palo ensangrentado en el ungüento y lo dejas ahí. Si un clavo profundamente clavado hiere a un caballo, pon el palo teñido de sangre en el ungüento y el caballo no sufrirá daño alguno».[32]

Más adelante, en relación con las heridas de armas punzantes, insiste otra vez en el mismo concepto: «De la misma manera puedes preparar un ungüento que sane sin dolor, untando con este el arma con la cual alguien ha sido herido [...]. Pero como no siempre es fácil procurarse el arma que ha provocado la herida, la curación que se hace con el palo es mejor».[33]

Paracelso también fue maestro de la acuñación de lo que denominó sellos, unas medallas conectadas con los planetas que llevaban en una cara el símbolo del planeta y en la otra, un cuadrado inscrito en un círculo, dividido en recuadros iguales con números ordenados según relaciones de distintos tipos. Más que una cuestión de numerología, nos encontramos ante la intuición de la existencia de relaciones entre los números que pueden crear correspondencias con el campo energético del ser humano que lleva los sellos. En estos sellos es muy frecuente el uso de las letras hebreas.

A principios del siglo XX, el neurólogo americano Albert Abrams, director de una clínica médica en San Francisco, descubrió por casualidad que en algunas personas que padecían determinadas enfermedades se registraba un sonido diferente en algunos puntos del abdomen y la espalda cuando se les practicaba una prueba mediante percusión. La percusión es una técnica de exploración física que hoy en día se aplica poco, pero que entonces estaba muy difundida; consiste en golpear repetidamente con el dedo de una mano sobre un dedo de la otra, situada esta última, por ejemplo, sobre el abdomen del enfermo, y permite al médico diagnosticar el estado de los órganos internos. Lo más interesante que observó Abrams fue que el fenómeno se repetía también en personas sanas unidas mediante un cable de cobre a las personas enfermas que registraban aquel sonido anormal, sordo, en lugar de un sonido de tambor. Y también se repetía cuando simplemente se acercaba a la persona sana un contenedor con tejido enfermo.

Abrams llegó a la conclusión de que las moléculas que forman las células enfermas vibran de una manera diferente que las moléculas de las células sanas, y que dicha oscilación provoca un campo magnético que interfiere en las vibracio-

---

32. F. T. Paracelso, *I Sette Libri dei Supremi Insegnamenti Magici*, Di Ginevra, 1658, Athanòr, Roma, 1953 (ed. esp.: *Los siete libros de la archidoxia mágica*, Humanitas, Barberà del Vallès, 1982).

33. F. T. Paracelso, *op. cit.*

El gran concierto del universo

La base para entender estos fenómenos es el denominado principio vibracional. Georges Lakhovsky lo describió con mucha claridad a propósito de la oscilación celular. Junto a otros científicos, estaba convencido de que la materia, viva y no viva, está en constante vibración y emite (y recibe) radiaciones de distintos tipos. Según Lakhovsky, se trataría de ondas electromagnéticas, pero no sólo electromagnéticas, como muy bien intuyó David Tansley, uno de los más importantes expertos en radiónica.

Al igual que Lakhovsky y Giuseppe Calligaris, un científico italiano que desarrolló su actividad en los primeros cuarenta años del siglo xx, Abrams también afirmaba que toda materia emite radiaciones, que estas son diferentes según la composición molecular o atómica de la muestra examinada y que influyen en el sistema nervioso del hombre.*

Estrechamente relacionado con el principio vibracional, se halla el de resonancia, que permite entender de qué modo los cuerpos a distancia interactúan entre sí. El principio vibracional es muy importante sobre todo desde el punto de vista del diagnóstico y la terapia: la enfermedad, según esta teoría, no es más que un desequilibrio vibracional, que puede estar causado, por ejemplo, por un microorganismo que, debido a su frecuencia de vibración, interfiere con la frecuencia oscilatoria típica de un determinado organismo.

Así se expresa Georges Lakhovsky: «Cada microbio actúa igualmente por medio de sus vibraciones y posee una longitud de onda propia que caracteriza a su especie. Así como las células son pequeños resonadores vivientes, los microbios también tienen una acción oscilatoria, de modo que entre ellos y las células sanas se produce una guerra de irradiaciones».**

Albert Abrams llegó a la conclusión de que las células enfermas emiten una radiación diferente a la de las células sanas, producto de modificaciones a nivel atómico y molecular.

La interacción entre la materia es, pues, fundamentalmente vibratoria.

La ciencia moderna, después de haber considerado durante mucho tiempo que estas convicciones eran pura charlatanería, está empezando a revisar sus posiciones más rígidas. Es curioso que actualmente los físicos más vanguardistas hayan elaborado una teoría unificadora del universo llamada teoría de las cuerdas, presentada por el americano Brian Greene y según la cual cualquier elemento, cualquier partícula, no es más que la modulación de sutiles campos de fuerza, de cuerdas vibrantes que están en la base de todo. Según el físico de la Universidad de Columbia de Nueva York: «Todo lo que ocurre en el universo es el resultado de las vibraciones de unidades individuales, ultramicroscópicas cuerdas ocultas en la profundidad de la materia. Los "modos de vibración", las

---

* E. W. Russel, *Rapporto sulla radionica*, MEB, 1977, p. 55.
** G. Lakhovsky, *Il segreto della vita*, Fratelli Bocca, Milán (s. f.), pp. 93-232.

> "notas" que entonan dichas cuerdas determinan la constitución íntima de la materia, como cuerdas de violín que ejecutan una sinfonía cósmica ordenada y armoniosa».***
> Se trata de una teoría que podría unificar la visión del mundo de lo infinitamente pequeño, el microcosmos, descrito por la mecánica cuántica, y de lo infinitamente grande, el macrocosmos, regido por la relatividad general. Así, una vez más, nos encontramos con que debemos contar con una visión del universo (vibraciones, relaciones numéricas, formas geométricas) que nos remonta a la física antigua, la de los egipcios, Pitágoras, los cabalistas y personajes como Pico de la Mirandola y Agrippa de Nettesheim.
>
> *** B. Greene, *L'Universo elegante. Superstringhe, dimensioni nascoste e la ricerca della teoria ultima*, Einaudi, Turín, 2000 (ed. esp.: *El universo elegante: supercuerdas, dimensiones ocultas y la búsqueda de una teoría definitiva*, Crítica, Barcelona, 2005).

nes de las otras células del organismo, provocando, por ejemplo, una contracción de los músculos abdominales, causa del sonido sordo que se percibe. Con unas máquinas eléctricas capturaba las ondas emitidas, invertía sus polaridades y las reenviaba al órgano enfermo, con lo que recuperaba el sonido de tambor original y contribuía así a tratar la enfermedad.

Hoy en día la radiónica utiliza instrumentos más modernos, que pueden funcionar también sin corriente eléctrica, actuando exclusivamente sobre la energía vital. La insistencia de los investigadores que se han dedicado a la radiónica en este punto nos permite entender que esta técnica, pese a la seriedad de sus planteamientos, en muchos aspectos es deudora del pensamiento tradicional y cabalístico.

CONCLUSIÓN

Hemos visto que la cábala, lejos de ser un sistema cerrado y definitivo, ofrece propuestas siempre diferentes, según el autor, la época y los temas considerados más importantes. Casi se podría decir que, dentro de ciertos límites, la cábala es todo y al mismo tiempo lo contrario de todo, y que las innegables dificultades que presenta constituyen también su aspecto más creativo. En efecto, de estas dificultades nacen nuevas tentativas interpretativas, ideas novedosas e intuiciones de personas de diferentes épocas y culturas.

El trayecto que hemos realizado ha sido muy breve. De hecho, el objetivo de esta introducción a la cábala era proporcionar una serie de instrumentos interpretativos, proponer una visión histórica de conjunto y aclarar, en la medida de nuestras posibilidades, algunos conceptos clave, ayudados en esta tarea por autores de gran calado, como Gershom Scholem, o por la obra original de cabalistas antiguos y modernos.

La esperanza era suscitar una mayor curiosidad.

Llegado a este punto, el lector habrá conocido diversos autores, escuelas de pensamiento y tradiciones, y podrá adentrarse en cada uno de los temas, leyendo, por ejemplo, el *Sefer Ha-Bahir* y *La Dulce Luz* de Cordovero, el *Sefer Yetzirah* y el *Alfabeto de rabí Akiva*.

Por otro lado, se aconsejan todas las obras de Gershom Scholem y la bella antología de Giulio Busi y Elena Loewenthal, *Mística ebraica*.

Quien esté interesado en los cabalistas cristianos puede leer *Los cabalistas cristianos del Renacimiento*, de François Secret, o bien las obras de Pico de la Mirandola, *De arte cabalistica* de Reuchlin y la *Kabbala denudata* de Christian Knorr von Rosenroth.

Algún lector se habrá quedado con alguna pregunta sin responder. Como anunciamos en la introducción, no ha sido posible abordar todos los temas y autores, por lo cual remitimos, para más detalles, a la bibliografía.

Es probable que una de estas preguntas sea: ¿a quién podemos considerar un verdadero cabalista? Si analizamos el pensamiento de los *tannaim* de los siglos I y II d. de C., que no hablaban expresamente de cábala, y lo comparamos con las posiciones bastante subjetivas de los esoteristas occidentales del siglo XIX, que afirmaban expresamente dedicarse a la cábala, podríamos encontrarnos con dificultades: ¿quiénes son en realidad los verdaderos cabalistas?, ¿aquellos que quizá lo son sin decirlo o aquellos que dicen serlo y quizá no lo son?

Probablemente el patrón de valoración correcto sea el bagaje cultural y humano de cada autor. Recordando lo que decía Cordovero acerca de una determinada categoría de sabios que se interesaban por la cábala sólo para añadir nuevas técnicas a otras disciplinas mejor conocidas y cultivadas, podemos considerar que lo que hace que una persona sea cabalista es, en primer lugar, una particular inclinación personal por la materia, luego las enseñanzas de un maestro y una correcta preparación cultural, basada en la Biblia, el Talmud, el *Midrash*, la *Mishnah* y la cábala. Por último, es probable que la cábala represente para esta persona, no una disciplina complementaria para la investigación, sino la disciplina de las disciplinas, el camino a recorrer, la esencia misma de la profundización esotérica. No se puede ser al mismo tiempo cabalista y monje zen, o cabalista y místico hesicasta. En estos casos, la vía a seguir, que forma parte de una tradición única y esencial, debe ser necesariamente la que se considere más importante para la evolución espiritual y el cumplimiento de la misión personal.

Esto no significa que una mente abierta y ecléctica no pueda interesarse por distintas disciplinas tradicionales y esotéricas, entre las que se halla la cábala, pero en este caso no podrá llamarse cabalista, sino estudioso de esta disciplina. Los hechos lo confirman: si es verdad lo que afirman algunos expertos, en la actualidad los verdaderos cabalistas son unas pocas decenas de personas en el mundo, mientras que son miles las que se aproximan a la cábala y la estudian a varios niveles.

Querríamos terminar esta breve conclusión recordando que los cabalistas del pasado tuvieron el gran mérito de haber transmitido algunos principios fundamentales del pensamiento tradicional a través de los siglos: desde el concepto primordial de teúrgia hasta la intuición de que todo, en el cosmos, es número, relación y vibración, desde la convicción de que nuestra dimensión se ha originado, y se ha mantenido, a partir de un dinamismo interno de la Divinidad, hasta la comprensión de que el hombre tiene un papel importante por desempeñar en la Creación, mediante su santificación personal y la santificación del mundo.

El objetivo es simple, aunque de gran alcance: volver a unir la época edénica con la postedénica, acelerando, de este modo, la Redención del universo.

Bibliografía

AA. VV., *Introduzione alla Magia*, Mediterranee, Roma, 1987, 3 vols.

AGRIPPA, E. C., *La Filosofia Occulta o La Magia*, Mediterranee, Roma, 1991 (ed. esp.: *Filosofía oculta, magia natural*, Alianza, Madrid, 1992).

ALEXANDRIAN, *Storia della Filosofia Occulta*, Mondadori, Milán, 1984 (ed. esp.: *Historia de la filosofía oculta*, Valdemar, Madrid, 2003).

AL-KINDI, *De radiis*, Mimesis, Milán, 2001.

ALLEAU, R., *Aspetti dell'Alchimia Tradizionale*, Atanòr, Roma, 1989.

AMBESI, A. C., *L'Enigma dei Rosacroce*, Mediteranee, Roma, 1990.

ANDRETE, J. V., *Le Nozze Chimiche di Christian Rosenkreutz*, SE, Milán, 1997.

ARCHARION-HELMOND, *L'Alchimia dei Rosa+Croce d'Oro*, Mediterranee, Roma, 1994.

AROMATICO, A., *Alchimia, l'oro della conoscenza*, Electa, Milán, 1996.

AVRIL, A. C., y P. LENHARDT, *La lettura ebraica della scritura*, Qiqajon, 1989.

BACON, R., *I Segreti dell''Arte e della Natura e Confutazione della Magia*, Archè, Milán, 1999.

BAILEY, Alice A., *Trattato di Magia Bianca*, Nuova Era, Roma, 1993 (ed. esp.: *Tratado sobre magia blanca*, Sirio, Málaga, 2006).

BAYARD, J. P., *I Rosacroce*, Mediterranee, Roma, 1990, 2 vols. (ed. esp.: *La meta secreta de los rosacruces: historia, doctrina, tradición y valor iniciático*, América Ibérica, Madrid, 1995).

BERGER, K., *I Salmi di Qumran*, Piemme, 1995.

BIANCA, M., y N. M. DI LUCA, *Le radici esoteriche della Massoneria*, Atanòr, Roma, 2001.

BLAKE, W., *Visioni*, Mondadori, Milán, 1965.

BLAVATSKY, H. P., *Iside svelata*, Armenia, Milán, 2000 (ed. esp.: *Isis sin velo*, Sirio, Málaga, 1988).

BOEHME, J., *Sex puncta theosophica*, Spano, reedición (ed. esp.: *La llave; Sex puncta*, Dilema, Madrid, 2007).

BONVICINI, E., *Rosacroce. La storia di un pensiero*, Bastogi, Foggia, 1996.

BORTONE, F., *La Radiestesia applicata alla medicina*, Palestrina, 1975.

BOUCHER, J., *La Simbologia Massonica*, Atanòr, Roma, 1997.

BOULENGER, J. (a cargo de), *I Romanzi della tavola Rotonda*, Oscar Classici Mondadori, Milán, 1988.

BRUNO, G., *La magia e le ligature*, Mimesis, Milán, 2000.

— *Opere Magiche*, Adelphi, 2001.

BUBER, M., *Die juedische Bewegung*, 1920.

— *Ich und Du*, 1923 (ed. esp.: *Yo y tú*, Caparrós, Madrid, 1995).

— *Rede ueber das Erzieherische*, 1926.

— *Die Chassidischen Buecher*, 1927 (trad. esp: *Cuentos jasídicos: los primeros maestros* y *Cuentos jasídicos: los maestros continuadores*, Paidós Ibérica, Barcelona).

— *Koenigtum Gottes*, 1932 (2.ª edición 1936).

— *Die Fragen an den Einzelnen*, 1936.

— *Il problema dell'uomo*, 1942 (hebreo), 1948 (alemán).

— *Mosè*, 1945 (hebreo), 1950 (alemán).

— *Dialogisches Leben*, 1947.

— *Gottenfinsternis*, 1953.

— *Diálogos y otros escritos*, Riopiedras, Barcelona, 1997.

— *Dos modos de fe*, Caparrós, Madrid, 1996.

— *¿Qué es el hombre?*, Fondo de Cultura Económica de España, Madrid, 1990.

— *El conocimiento del hombre: contribuciones a una antropología filosófica*, Caparrós, Madrid, 2001.

— *Eclipse de Dios: estudios sobre las relaciones entre religión y filosofía*, Sígueme, Salamanca, 2003.

— *El camino del ser humano y otros escritos*, Fundación Emmanuel Mounier, Madrid, 2004.

— *Sanación y encuentro*, Fundación Emmanuel Mounier, Madrid, 2005.

BURCKHARDT, T., *Alchimia, Significato e visione del mondo*, Guanda, Parma, 1986 (ed. esp.: *Alquimia: significado e imagen del mundo*, Paidós Ibérica, Barcelona, 1994).

— *Introduzione alle dottrine esoteriche dell'Islam*, Mediteranee, Roma, 1987.

Burnus, A. von, *Alchimia e Medicina*, Mediterranee, Roma, 1998.

Busi, G., y E. Loewenthal (a cargo de), *Mistica Ebraica*, Einaudi, Turín, 1995.

Calducci, C., *Il Diavolo*, Mondadori, Milán, 1994.

Calvesi, M., *Arte e alchimia*, Art Dossier, Giunti, Florencia.

Canseliet, E., *L'alchimia spiegata sui suoi testi classici*, Mediterranee, Roma, 1996, vol. I.

— *L'alchimia, simbolismo ermetico e pratica filosofale*, Mediterranee, Roma, 1996, vol. II.

Charpentier, L., *I misteri della cattedrale di Chartres*, Arcana, Turín, 1972 (ed. esp.: *El enigma de la catedral de Chartres*, Planeta-De Agostini, Barcelona, 2005).

Chrétien de Troyes, P., *Perceval*, Oscar Classici Mondadori, Milán, 1983 (ed. esp.: *El libro de Perceval o el cuento de Grial*, Gredos, Madrid, 2000).

Chrysopeia, «Cinq traités alchimiques médiévaux», tomo VI (1997-1999), Archè, Milán, 2000.

Cicerón, M. T., *Sulla natura degli dei*, Oscar Mondadori, Milán, 1997 (ed. esp.: *Sobre la naturaleza de los dioses*, Gredos, Madrid, 2001).

— *Della divinazione*, Garzanti, Milán, 1999 (ed. esp.: *Sobre la adivinación. Sobre el destino. Timeo*, Gredos, Madrid, 1999).

Cohen, A., *Il Talmud*, Laterza, Roma, 1999.

Corbin, H., *Storia della filosofia islamica*, Adelphi, Milán, 1991 (ed. esp.: *Historia de la filosofía islámica*, Trotta, Madrid, 2000).

Cordovero, M., *La Douce Lumière*, Verdier, 1997.

Crasselame, *Lux Obnubilata*, Mediterranee, Roma, 1998.

D'Abano, Pietro, *Heptameron. Rituale Mithriaco*, Hermes, Roma, 1984.

D'Amore, F., *La Spagyria del vegetale*, Erga, Génova, 1999.

Davidson, H. R. Ellis, *Gods and Myths of Nortern Europe*, Penguin Books, 1979.

Day L., y G. de la Warr, *Radionica: Medicina del Futuro*, MEB, 1978.

Dee, J., *The Hieroglyphic Monad*, Londres, 1564 (ed. esp.: *La mónada jeroglífica*, Obelisco, Barcelona, 1992).

Delcor, M., *Les Apocalypses juives*, Berg Int., París, 1995.

Del Giudice, N., y E. del, *Omeopatia e bioenergetica*, Cortina International, Verona, 1999.

Demurger, A., *Vita e morte dell'Ordine dei Templari*, Garzanti, 1996 (ed. esp.: *Auge y caída de los templarios*, Planeta-De Agostini, Barcelona, 2005).

D'Espagnet, J., *Trattato Ermetico della Fisica Reintegrata*, Phoenix, Génova, 1983.

— *Opera Arcana della Filosofia Ermetica*, Phoenix, Génova, 1984 (ed. esp.: *La obra secreta de la filosofía de Hermes*, Índigo, Barcelona, 2006).

Dillon, K. J., *Healing Photons*, Scientia Press, Washington, 1998.

Dubois, G., *Fulcanelli*, Mediterranee, Roma, 1996.

Eisenman, R. H., y M. Wise, *Manoscritti segreti di Qumran*, Piemme, 1994.

El'azar da Worms, *Il Segreto dell'Opera della Creazione*, ECIG, Génova, 2002.

Eliade, M., *The Sacre and the Profane*, Harvest/HJB, Nueva York, 1959 (ed. esp.: *Lo sagrado y lo profano*, Paidós Ibérica, Barcelona, 1998).

— *From Primitives to Zen*, Collins fount Ed. Paperbacks, GB, 1979.

— *Le Mythe de l'éternel retour*, Serthe, 1996 (ed. esp.: *El mito del retorno: arquetipo y repetición*, Altaya, Barcelona, 1994).

— *Lo Sciamanismo*, Mediterranee, Roma, 1999 (ed. esp.: *El chamanismo y las técnicas arcaicas del éxtasis*, Fondo de Cultura Económica de España, Madrid, 2001).

Epopea di Gilgamesh, Adelphi, Milán, 1986 (ed. esp.: *La epopeya de Gilgamesh: el gran hombre que no quería morir*, Akal, Madrid, 1998).

Eschenbach, W. von, *Parzival*, Ed. TEA, Milán, 1997 (ed. esp.: *Parzival*, Siruela, Madrid, 2005).

Evola, J., *Il mistero del Graal*, Mediterranee, Roma, 1994 (ed. esp.: *El misterio del Grial*, José J. de Olañeta, Palma de Mallorca, 1997).

— *La tradizione ermetica*, Mediterranee, Roma, 1996.

Fiorentino, M. P., *Tarocchi e cammino iniziatico*, Mediterranee, Roma, 1997.

Flamel, N., *Il Libro delle Figure Geroglifiche/Il Sommario Filosofico/Il Desiderio Desiderato*, Mediterranee, Roma, 1998 (ed. esp.: *El libro de las figuras jeroglíficas*, Obelisco, Barcelona, 1996).

Fornaciari, P. E. (a cargo de), G. *Pico della Mirandola, Conclusioni Cabalistiche*, Mimesis, Milán, 1994.

Frater Albertusseud, *Manuale dell'alchimista*, Roma, 1978 (ed. esp.: *Manual del alquimista*, Luis Cárcamo, Madrid, 1980).

Frietsch, W., *Die Geheimnisse der Rosenkreuzer*, Hamburgo, 1999.

Fulcanelli, *Il Mistero delle Cattedrali*, Mediterranee, Roma, 1996 (ed. esp.: *El misterio de las catedrales*, Plaza & Janés, Barcelona, 1994).

— *Le Dimore Filosofali*, Mediterranee, Roma, 1996, vols. I y II (ed. esp.: *Las moradas filosofales*, Índigo, Barcelona, 2000).

GOETHE, J. W., *Il serpente verde*, Bastogi, Foggia, 1995 (ed. esp.: *La serpiente verde y otros cuentos maravillosos*, Obelisco, Barcelona, 2005).

GREENE, B., *L'Universo elegante. Superstringhe, dimensioni nascoste e la ricerca della teoria ultima*, Einaudi, Turín, 2000 (ed. esp.: *El universo elegante: supercuerdas, dimensiones ocultas y la búsqueda de una teoría definitiva*, Crítica, Barcelona, 2005).

GUÉNON, R., *Simboli della Scienza sacra*, Adelphi, Milán, 2000 (ed. esp.: *Símbolos fundamentales de la ciencia sagrada*, Paidós Ibérica, Barcelona, 1995).

HARTMAN, F., *Il mondo magico di Jacob Boehme*, Mediterranee, Roma, 1982.

— *Il mondo Magico di Paracelso*, Mediterranee, Roma, 1982.

HERMES TRISMEGISTO, *La pupilla del mondo*, Marsilio, Venecia, 1994

— *Corpo Ermetico e Asclepio*, SE, Milán, 1997.

— *Corpus Hermeticum*, BUR, Milán, 2001 (ed. esp.: *Corpus hermeticum*, Índigo, Barcelona, 1998).

HESCHEL, A. J., *La discesa della Shekinah*, Qiqajon, Turín, 2003.

HESÍODO, *Teogonia*, Rizzoli, Milán, 1996 (ed. esp.: *La teogonía*, Edicomunicación, Santa Perpètua de la Mogoda, 1996).

I Ching, S. Di Fraia, Nápoles, 1997 (ed. esp.: *I Ching*, De Vecchi, Barcelona, 2006).

JACQ, C., *La Massoneria*, Mursia, Milán, 1998 (ed. esp.: *La masonería: historia e iniciación*, Mr Ediciones, Madrid, 2006).

JÁMBLICO, *La vita pitagorica*, BUR, Milán, 1991 (ed. esp.: *Vida pitagórica; Protréptico*, Gredos, Madrid, 2003).

JOLLIVET-CASTELLOT, F., *Storia dell'Alchimia*, Bastogi, Foggia, 1992.

JOUNET, A., *La Chiave del Zohar*, Laterza, Bari, 1936.

KERÉNY, K., *Gli Dei e gli Eroi della Grecia*, Garzanti, 1976.

KREMMERZ, G., *La Porta Ermetica*, Mediterranee, Roma, 1981.

LA PERA, O., *Conoscere L. C. e Saint-Martin*, M.I.R., 2000.

LAKHOVSKY, G., *La natura e le sue meraviglie*, Fratelli Bocca, Milán, 1938.

— *Il segreto della vita*, Fratelli Bocca, Milán.

LASSEK, H., *Orgontherapie. Heilen mit der reinen Lebensenergie*, Scherz Verlag, Berna-Mónaco-Viena, 1997.

Le Bahir, Le Livre de la Clarté, Verdier, 1983 (ed. esp.: *El Bahir*, Equipo Difusor del Libro, Villaviciosa de Odón, 2005).

LÉVI, E., *I misteri della Cabalà*, Atanòr, Roma, 1992 (ed. esp.: *Los misterios de la cábala*, Humanitas, Barcelona, 1984).

LINDSAY, J., *Le origini dell'alchimia nell'Egitto greco-romano*, Mediterranee, Roma, 2001.

LUCK, G., *Il magico della cultura antica*, Mursia, Milán, 1994.

— (a cargo de), *Arcana Mundi*, Fondazione Lorenzo Valla/Mondadori, 1997 (ed. esp.: *Arcana Mundi: magia y ciencias ocultas en el mundo griego y romano*, Madrid, Gredos, 1995).

LLULL, R., *Il trattato della Quinta Essenzia*, Atanòr, Roma.

MACGREGOR MATHERS (a cargo de), *Magia della Qabbalah*, Mediterranee, Roma, 1981.

MAHDIHASSAN, S., *Alchimia Indiana*, Mediterranee, Roma, 1998.

MAIER, M., *Atalanta Fugiens*, Mediterranee, Roma, 1999 (ed. esp.: *La fuga de Atalanta: alquimia y emblemática*, Tuero, Madrid, 1989).

MARTONE, C., *La Regola della comunità* (edición crítica), Quaderni di Enoch, Silvio Zamorani, Turín, 1995.

MATT, D. C., *L'essenza della Qabbalah*, Newton & Compton, Roma, 1999 (ed. esp.: *La cábala esencial*, Robinbook, Teià, 1997).

MOHRMANN, Ch. (a cargo de), *Vita di Antonio*, Fondazione Lorenzo Valla/Mondadori, 1974.

MOLLE, J. V. (a cargo de), *I Templari, La regola e gli statuti dell'Ordine*, ECIG, Génova, 2000.

MOPSIK, Ch., *Les grands textes de la Cabale*, Verdier.

MORALDI, L. (a cargo de), *I Manoscritti di Qumran*, TEA, Milán, 1994.

Mutus Liber, Vivarium, Milán, 2000 (ed. esp.: *Mutus Liber*, Muñoz Moya, Brenes, 2001).

Oracoli Caldaici, Rizzoli, Milán, 1995 (ed. esp.: *Los oráculos caldeos: fragmentos de la gnosis alejandrina*, Obelisco, Barcelona, 1998).

PANCALDI, A., *Alchimia pratica*, Atanòr, Roma, 1997.

PAPUS, *Trattato elementare di Scienza Occulta*, Phoenix, Génova, 1980 (ed. esp.: *Tratado elemental de ciencia oculta*, Humanitas, Barberà del Vallès, 1988).

— *La sciencia dei numeri*, Brancato, Catania, 1991 (ed. esp.: *La ciencia de los números*, Humanitas, Barberà del Vallès, 1991).

PARACELSO, F. T., *I Sette Libri dei Supremi Insegnamenti Magici*, Di Ginevra, 1658 (ed. esp.: *Los siete libros de la archidoxia mágica*, Humanitas, Barberà del Vallès, 1982).

— *I nove libri sulla natura delle cose*, Phoenix, Génova, 1988 (ed. esp.: *La naturaleza de las cosas*, Obelisco, Barcelona, 2007).

PASCALIS, A. de, *L'Arte Dorata*, L'Airone, Roma, 1995.

PAULY, J. de (trad.), *Il Libro dello Zohar*, Atanòr, Roma, 1978.

PLATÓN, *Timeo*, Bompiani, Milán, 2000 (ed. esp.: *Ión; Timeo; Critias*, Alianza, Madrid, 2007).

Poemetti mitologici babilonesi e assiri, Sansoni, Florencia, 1991.

POISSON, A., *Teorie e simboli dell'alchimia*, Moizzi (existen copias fotostáticas en librerías especializadas) (ed. esp.: *Teorías y símbolos de los alquimistas*, MRA, Barcelona, 2004).

POPP, F. A., *Nuovi orizzonti della medicina*, IPSA, Palermo, 1985.

PORFIRIO, *Vita di Pitagora*, Rusconi, Milán, 1998 (ed. esp.: *Vida de Pitágoras. Argonáuticas orficas. Himnos órficos*, Gredos, Madrid, 1987).

PREPARATA, G., *QED Coherence in Matter*, World Scientific, 1995.

PREVIDI, A., *Radionica*, Mediterranee, Roma, 2002.

PTOLOMEO, C., *Tetrabiblos*, Fondazione Lorenzo Valla/Mondadori, 1985 (ed. esp.: *Tetrabiblos*, Barath, Madrid, 1987).

RANQUE, G., *La pietra filosofale*, Mediterranee, Roma, 1989.

REALE, G., *Per una nuova interpretazione di Platone*, Vita e Pensiero, Milán, 1997 (ed. esp.: *Por una nueva interpretación de Platón*, Herder, Barcelona, 2003).

REICH, W., *Esperimenti bionici sull'origine della vita*, Sugarco, Milán, 1979.

RENDHELL, F., *Alta Magia pratica evocativa*, Hermes, Roma, 1987.

REUCHLIN, *La Kabbale (De arte cabalistica)*, Archè, Milán, 1995.

RICCIARDELLI, G. (a cargo de), *Inni Orfici*, Fondazione Lorenzo Valla/Mondadori, 2000.

RIPEL, F. G., *Il Segreto della Pietra Filosofale*, Sarva, Imola, 1991.

RIVIÈRE, P., *Alchimia e spagiria*, Mediterranee, Roma, 2000.

RUPESCISSA, *Trattato sulla Quintaessenza*, Mediterranee, Roma, 1998.

RUSSEL, E. W., *Rapporto sulla Radionica*, MEB, 1977.

SACCHI, P., *Apocrifi dell'Antico Testamento*, TEA, Milán, 1990.

— *Storia del Secondo Templo*, SEI, Turín, 1994 (trad. esp: *Historia del judaísmo en la época del segundo templo: Israel entre los siglos VI a. de C. y I d. de C.*, Trotta, Madrid, 2004).

SAFRAN, A., *Saggezza della Qabbalah*, Mondadori, Milán, 1990 (ed. esp.: *Sabiduría de la cábala*, Riopiedras, Barcelona, 1999).

SAINT-MARTIN, L. C. de, *Ecce Homo*, Bastogi, Foggia, 1998 (ed. esp.: *Ecce homo*, Dilema, Madrid, 2006).

— *Il Ministero dell'Uomo Spirito*, M.I.R., 2000.

SANTE, C. di, *La preghiera di Israele*, Marietti, 1991.

SCHOLEM, G., *Il Nome di Dio e la teoria cabbalistica del linguaggio*, Adelphi, Milán, 1998.

— *La Qabbalah*, Mediterranee, Roma, 1992.

— *I segreti della creazione*, Adelphi, Milán, 2003.

SCHAWALLER DE LUBICZ, R. A., *Il Tempio nell'Uomo*.

SECRET, F., *I Cabbalisti Cristiani del Rinascimento*, Arkeios, Milán, 2001.

Sefer Yetzirah, Atanòr, Roma, 1995 (ed. esp.: *Sefer Yetzirah: el libro de la formación*, Obelisco, Barcelona, 1992).

Sefer Yetzirah, con el comentario *Sefer Chakhmonì* de Shabbetai D., Lulav, Milán, 2001.

SENDIVOGIUS, M., *Lettera filosofica*, Phoenix, Génova, 1989.

SHABBETAI, D., *Sefer Chakhmonì* (véase *Sefer Yetzirah*).

SHAH, Idries, *La strada del Sufi*, Ubaldini, Roma, 1971 (ed. esp.: *El camino del sufí*, Paidós Ibérica, Barcelona, 1995).

SIMONETTI, M. (a cargo de), *Testi Gnostici in lingua latina e greca*, Fondazione LorenzoValla/Mondadori, 1993.

STEINER, R., *Teosofia*, Antroposofica, Milán, 1999 (ed. esp.: *Teosofía*, Rudolf Steiner, Madrid, 2002).

STURLUSON, S., *Edda*, Adelphi, Milán, 1982 (ed. esp.: *Edda Menor*, Alianza, Madrid, 2000).

SWEDENBORG, E., *La Vera Religione Cristiana*, Sear, 1988.

— *Cielo e Inferno*, Mediterranee, Roma, 1994 (ed. esp.: *Del cielo y del infierno*, Siruela, Madrid, 2006).

TENTORI, T. (a cargo de), *Popol Vuh*, TEA, 1988 (ed. esp.: *Popol-Vuh*, Fondo de Cultura Económica de Espalña, Madrid, 2005).

TESTI, G., *Dizionario di Alchimia e Chimica Antiquaria*, Mediterranee, Roma.

The Lakhovsky multiple wave oscillator video (formato NTSC), Borderlands Sciences, Bayside, Estados Unidos.

TOMÁS DE AQUINO, *Della Pietra Filosofale/Dell'Alchimia*, Bastogi, Foggia, 1997 (*Sobre la piedra filosofal y sobre el arte de la alquimia*, Muñoz Moya, Brenes, 2001).

TRESOLDI, R., *Il mondo magico dell'antico Egitto*, De Vecchi, Milán, 2000.

— *I segreti dell'Alchimia*, De Vecchi, Milán, 2000.

— *Terapie Vibrazionali*, Tecniche Nuove, Milán, 2000.

— *Enciclopedia del esoterismo*, De Vecchi, Barcelona, 2003.

Upanishad, Boringhieri, Turín, 1968.

VALENTINO, B., *Azoth*, Mediterranee, Roma, 1988.

— *Cocchio Trionfale dell'Antimonio*, Mediterranee, Roma, 1998.

— *Le Dodici Chiavi della Filosofia*, Mediterranee, Roma, 1998.

VALSAN, M., *Sufismo ed Esicasmo*, Mediterranee, Roma, 2000.

VENTURA, G., *Tutti gli uomini del Martinismo*, Atanòr, Roma, 1978

VIERO, A., *Geobiologia tra Radioestesia e Rabdomanzia*, Vannini, Gussago, 1999.

VILANOVA, A. de, *La Scorciatoia del Sentiero*, Phoenix, Génova, 1979.

WEHR, G., *Novecento Occulto*, Neri Pozza, Vicenza, 2002.

WILHELM, R. (a cargo de), *I Ching*, Adelphi, 1995 (ed. esp.: *I ching: el libro de los cambios*, Gaia, Madrid, 2006).

WIRTH, O., *I Tarocchi*, Mediterranee, Roma, 1973.

YEATS, W. B., *Una visione*, Adelphi, Milán, 1973 (ed. esp.: *Una visión*, Siruela, Madrid, 1991).

— *Rosa alchemica*, Adea, Cremona, 1993 (ed. esp.: *La rosa secreta; Leyendas de Hanrahan el Rojo*, Altaya, Barcelona, 1995).

ZAMPA, P., *Elementi di radiestesia*, Vannini, Brescia, 1990.

La Bibliotheca Philosophica Hermetica (BPH) de Ámsterdam, que ha organizado importantes muestras sobre esoterismo, hermetismo y cábala, dispone de un interesante catálogo de obras, manuscritas e impresas, antiguas y recientes, de temas cabalísticos, de autores hebreos y cristianos, así como de numerosas obras de esoteristas de épocas recientes. Con el propósito de contribuir al conocimiento de estas obras, a continuación presentamos una relación de los volúmenes de mayor interés que se encuentran en la BPH, tal como figuran en el catálogo de la web. Quien desee profundizar en el estudio de estos autores con ediciones más antiguas podrá encontrar en la BPH las obras aquí relacionadas.

Cábala hebrea

BACHYA BEN HLAVA BEN ASHER. RABENU BECHAYE, *al-ha Torah*, Korzec, 17 pp.

Biblia Hebrea. Ex accuratissima recensione doctissimi ac celeberrimi Hebraei Menasseh ben Israel, Ámsterdam, 1635.

Elisha ben Gabriel Gallico, *Perush Shir ha-Shirim*, Venecia, 1587.

Gikatilla Joseh ben Abraham, Matthatias ben Saolomon Delacrut (comentario sobre), *Sha'arei Orah*, Offenbach, 1775.

— *Sha'are Zedek*, Riva di Trento, 1561.

— *Portae Lucis*, Augsburg, 1516.

Isaiah ben Abraham Halevi Horowitz, *Shenei luchot ha-Berit*, Ámsterdam, 1698.

Meir ben Ezekiel ben Gabbai, *Avodat ha-Kodesh*, Cracovia, 1576-1577.

Menaseeh ben Israel, *De Craetione Problemata XXX*, Ámsterdam, 1635.

Mordecai ben Jacob de Praga, *Paiamon ve'Rimmon [e] Sefer Pelach ha-Rimmon*, Ámsterdam, 1708.

Mozes ben Abraham Mendes Coutinho, *Sefer Raziel ha-Malach*, Ámsterdam, 1701.

Postel, Guillaume, *Abrahami patriarchae liber Yetzirah*, París, 1552.

Rittangelius, Johannes Stephanus, *[Sefer Yetzirah] Id est Liber Jezirach qui Abrahamo patriarchae adscribitur*, Ámsterdam, 1642.

Sefer-Ha-Zohar, Cremona, 1559-1560.

Shabbetai Sheftel Horowitz, *Vavei ha'Ammudim*, Ámsterdam, 1698.

Spiro, Nathan ben Reuben David, *Sefer Mazzat Shimmurim*, Venecia, 1660.

Yakob ha-Kohen de Gazuolo, *Sefer Yetzirah*, Mantua, 1562.

Yehudah ha-Levi [Kuzari], *Liber Cosri*, Basilea, 1660.

Cábala cristiana

Agrippa, Henricus Cornelius, *De occulta philosophia*, Lyon, 1550.

Boehme, Jacob, *Theosophia revelata*, s.l., 1730.

Jehuda, Abravanel (León Hebreo), *Dialoghi d'amore*, Venecia, 1541.

Pico de la Mirandola, Giovanni, *Opera*, Bolonia, 1496

— *Apologia conclusionum suoru*, Nápoles, 1487.

Pistorius, Johannes, *Artis cabalisticae*, Basilea, 1587.

Reuchlin, Johannes, *De verbo mirifico*, Basilea, 1494 (primera edición).

— *De arte cabalistica*, Hagenau, 1517 (primera edición).

Ricius, Paulus, *De sexcentum et tredecim mosaice sanctionis edictis*, Augsburgo, 1515.

— *Talmudica movissime in latinum versa periocunda commentariola*, Augsburgo, 1519.

ROSENROTH, Christian Knorr von, *Kabbala denudata seu doctrina Hebraeorum transcendentalis et metaphysica*, Sulzbach, 1677.

— *Kabbalae denudatae tomus secundus. id est Liber Sohar restitutus*, Fráncfort, 1684.

VOYSIN, Joseph de, *Disputatio cabalistica*, París, 1635.

ÍNDICE

Introducción	7
Los secretos de la cábala	11
Definición de cábala	11
La tradición oral y la ley revelada.	12
Importancia del planteamiento esotérico.	13
El Antiguo Testamento	14
La lectura hebrea de las Escrituras	21
Halakah y *Haggadah*.	22
El *Midrash*	23
La *Shekhinah* y el descenso de Dios al Sinaí	24
Importancia de las obras.	26
Importancia de la liturgia para Israel.	27
La *Mishnah*	28
Teúrgia y magia en las raíces de la cábala.	30
Elementos pitagóricos, gnósticos y neoplatónicos	31
Marco histórico y geográfico	37
Grandes cabalistas antiguos y modernos	37
Primer periodo	38
Primeros siglos de la meditación cabalística	44
Segundo periodo.	46
Tercer periodo	49
Cuarto periodo.	52
Quinto periodo	58
Edad contemporánea.	61
Los conceptos fundamentales de la cábala	65
Ein-Sof (Sin Fin)	65
Emanación	67
Pensamiento	68

Ayin (nada)	68
Tsimtsum (retirarse), concepto luriánico	68
Shevirah (rotura de los vasos), concepto luriánico	69
Adam Kadmon (Hombre Primordial), concepto luriánico	70
Tikkun (reintegración), concepto luriánico	71
Adán	72
Caída	72
Sefirot	72
Cábala: lenguaje y número	76
EL SIGNIFICADO DEL ALFABETO HEBREO	79
Un alfabeto lleno de misterios	80
Métodos de exégesis de la Biblia	82
Valor numérico de las letras hebreas	84
El tetragrama, nombre inefable de Dios	85
ANTECEDENTES LITERARIOS ANTIGUOS	87
Génesis	88
Ezequiel	88
Daniel	92
Libro de Enoc	100
Regla de la comunidad de los esenios	104
OBRAS DE LA CÁBALA DESDE LOS ORÍGENES HASTA EL AÑO 1500	113
Sefer Yetzirah (Libro de la Formación)	113
Sefer HaBahir (Libro de la Claridad)	116
Sefer HaZohar (Libro del Resplandor)	121
La Dulce Luz de Moisés Cordovero	125
LOS CABALISTAS CRISTIANOS	133
Juan Pico de la Mirandola	136
Johannes Reuchlin	140
Agrippa de Nettesheim (Heinrich Cornelius)	143
Giordano Bruno	146
John Dee	150
Jacob Boehme	151
LOS ESOTERISTAS OCCIDENTALES	155
Martínez de Pasqually	155
Louis-Claude de Saint-Martin	156
Eliphas Lévi Zahed (Constant Alphonse Louis)	159

Stanislas de Guaita 161
Papus (Gérard Encausse) 162

CÁBALA Y DISCIPLINAS MODERNAS 165
Código alfanumérico. 165
Radiónica 166
Tratamiento a distancia y uso de números y sellos 166

CONCLUSIÓN 171

BIBLIOGRAFÍA 173

www.ingramcontent.com/pod-product-compliance
Lightning Source LLC
Chambersburg PA
CBHW080323170426
43193CB00017B/2883